水晶透視ができる本

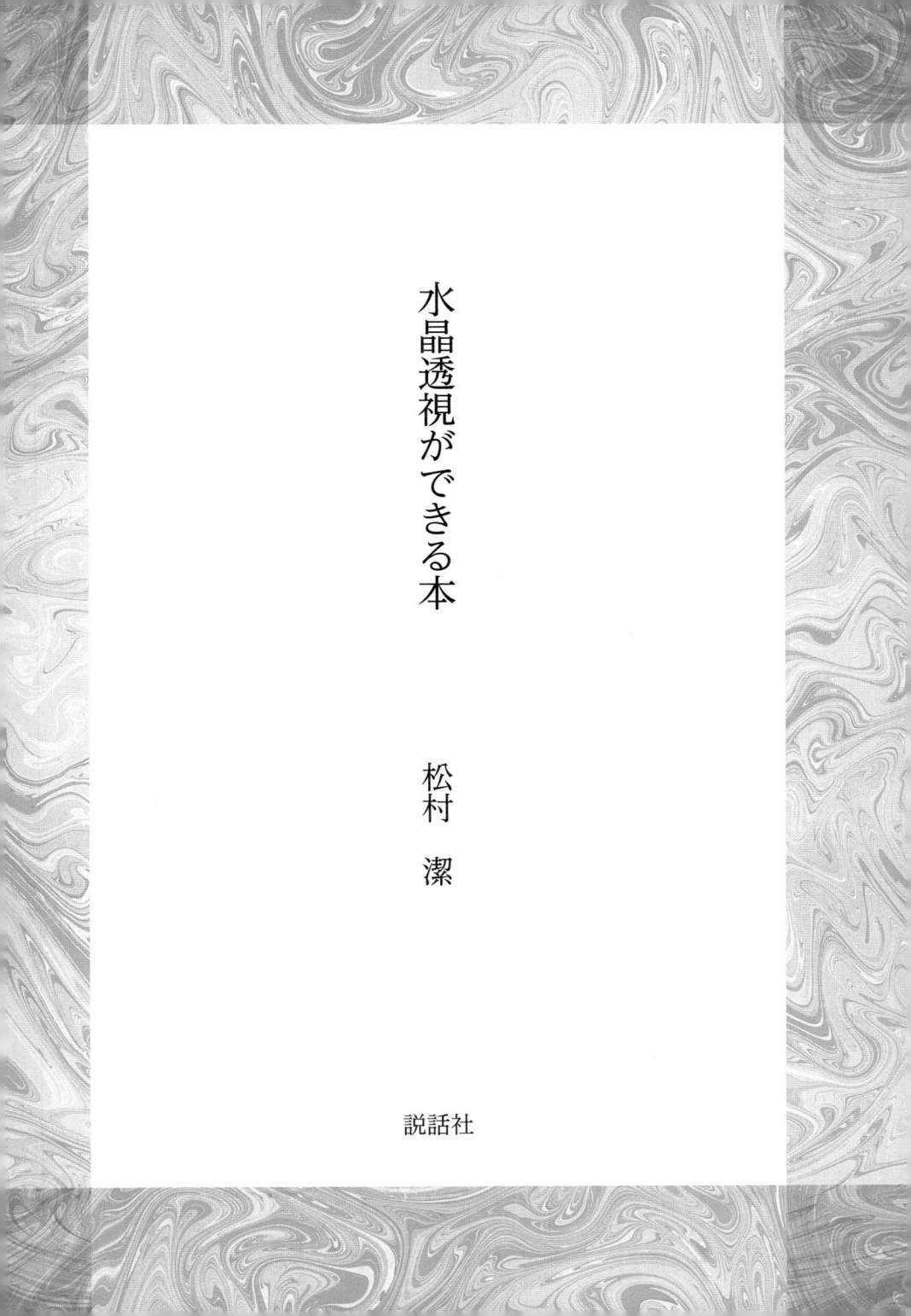

松村　潔

説話社

はじめに

　水晶を覗いたり、背面を黒エナメルで塗った凹形の通称「黒ガラス」を覗いたりすることで、この中に、カラフルな映像を見ることができます。
　いつもなぜこんな映像が出てくるのか不思議でしようがありませんが、古い時代からこれはクリスタルのスクライイングとして知られています。
　私は30年以上前にこのことを知り、練習をしたり、中断したりしていました。初めのうちはどういうコツがあるのかわかっていませんでしたが、最近はそれがはっきりしているので、この映像を見るというのが安定してきて、少しくらいは身体を動かしたり首を回したりしても、映像は継続しています。
　ルドルフ・シュタイナーは、事物から表象を引き離すと世界は色彩豊かな生命の渦に満たされている光景が見えるといいましたが、エーテル体という光よりも高速な物質の領域を見るということを始めていくと、水晶の中だけでなく、さまざまな空間に映像や映像の片鱗、光の断片、図形などが表れて、空間がまるで海の中のように見えてきます。
　これもまた違う本に書いたことですが、私はスイスのエドアルド・アルベルト・マイヤーがコンタクトしたプレアデス宇宙人セムジャーゼのコンタクト記録を愛読していました。セムジャーゼは、人間を人が見るような手足のある形では認識できないそうで、たいていは輝く卵のような形で認識すると述べています。これは「オーラ」といわれるものの形で、オーラはエーテル体の上に乗る映像なので、私たちが見慣れている手足のある形を見るという感覚認識よりも、速度が早いレベルで見る視点です。光以下で見る形と光よりも早いもので見る形の違いがあるということなので

しょう。これによって実は感情も思考の在り方も変わってしまいます。

　私たちはこの見える世界、すなわち感覚の世界で、興味があることがたくさんあり、またこの感覚の領域ですることがたくさんあるので、もっぱら意識は感覚にチューニングされています。このために、頭の中でも忙しい問答を続けて、一秒たりとも感覚世界へのチューニングから脱線しないようにがんばっています。それを止めてしまうのが眠りの時間で、感覚にチューニングすることで初めて成り立つ意識は、そこでスイッチを切られて、その後は起きるまでは何一つ覚えていないという時間を過ごします。

　起きている時間と眠る時間の境界線で、一瞬、エーテル体を見るという体験をするのですが、この過渡領域に滞在する時間を引き延ばすと、そこでくっきりとした映像を見たりもするのです。それは未来、過去、集合記憶、遠くにあるもの、さまざまなものを見ることになります。

　「たんに個人的な潜在意識を見るだけなのではないのですか？」と質問されることもありますが、潜在意識は個として閉鎖されていない意識なので、それは他の領域と地続きです。眠りは個が消えていく領域で、起きている間は個が存在します。だから、その境界線領域は個が集団的な無意識をかいま見る瞬間でもあるのです。地下にトンネルがあって、そこを通じてどこにでも行けると考えてみてください。水晶ではそういうものを見ることができるのです。

　このような説明を読むと、何とも刺激的な体験に思えます。この個としての覚醒と、非個の間の境界の薄膜の上にできるかぎり長い時間滞在することが、水晶の映像が消えずにそのまま継続することの秘訣です。そのために、リラックスするための練習をしたり、呼吸法を試してみたり、ま

たバイノーラルビートを聴いたり、記号の中に沈潜したりするのです。

　長い間、この境界線の上に立つという筋トレをすることでこれまで知らなかった世界が開けてきます。私から見ると、これに比較して、感覚ではっきりと認識できる世界の体験は木刀で殴りつけるように荒っぽく単純で、裏がありません。それは楽しくないわけではなく、それなりに興味深いのですが、しかし水晶で見る映像の持つ果てしなさや神秘感というものが欠けています。

　本書のガイドラインに沿って練習することで、なかなか見えない人もいれば、すぐに見える人も出てくるでしょう。いずれにしても、それは宇宙の神秘を見ることのきっかけを作ります。とても興奮することなのです。

目次
CONTENTS

はじめに　　　　　　　　　　　3

I 水晶の力　9

  1 水晶で映像を見る　　　　　10
  2 水晶はどういう力を持つか　　16

II 水晶とはどのようなものか？　21

  1 透視に使う水晶の種類　　　　22
    ポイント　　　　　　　　　23
    球体　　　　　　　　　　　25
    ファントム　　　　　　　　27
    黒曜石　　　　　　　　　　29
    黒ガラス　　　　　　　　　31
    デルフォイの水盤　　　　　34
    黒インクを張ったボウル　　35
  2 水晶をどうやって手に入れるか　37
  3 高自我・中自我・低自我　　　40
  4 浄化とリセット　　　　　　　44

III 水晶の効能〜オーラの開発〜　49

- 1 オーラの調整と開発　50
- 2 チャクラの調整と発達　53
- 3 5元素と二つのコントロールセンター　56
    - ムラダーラチャクラ　59
    - スワディスタナチャクラ　60
    - マニプラチャクラ　61
    - アナハタチャクラ　62
    - ビシュダチャクラ　63
    - アジナチャクラ　64
    - サハスララチャクラ　64
- 4 チャクラの活性化　66
    - チェックリスト　72
- 5 持ち歩きブースターとして使う　73
- 6 部屋の中の臍に置く　78
- 7 身体にストーンサークルを作る　84
- 8 水晶ダンスとアファメーション　87

IV 透視の練習　93

- 1 水晶透視を始める際の心構え　94
- 2 呼吸方法とリラックス　99
- 3 額から飛び出すアーム　104

4　チャクラの考え方　　　　　　　　112
　5　水晶透視以外での活用法　　　　　144
　6　水晶、黒曜石、黒ガラスを見る　　153
　7　水晶の周囲での手かざし　　　　　170
　8　フォトリーディングに水晶を使う　175
　9　クラウドを使う方法　　　　　　　177
　10　水晶透視の練習の本質　　　　　　184
　11　水晶の六つの世界　　　　　　　　197

V 水晶透視のテーマ　205

死者に会う　　　　　　　　　　　　　206
地球グリッドからアカシックに入り込む　207
過去のリーディング　　　　　　　　　208
未来のリーディング　　　　　　　　　209
太陽系の外へ行く／源流へ回帰する　　210
探し物または占いとして使う　　　　　211
チャクラ診断　　　　　　　　　　　　211
メッセージの伝達　　　　　　　　　　212
架空の世界を作る　　　　　　　　　　213
有害なものを取り除く　　　　　　　　213
アクセサリー作り　　　　　　　　　　214

おわりに　　　　　　　　　　　　　　216
著者紹介　　　　　　　　　　　　　　219

I
水晶の力

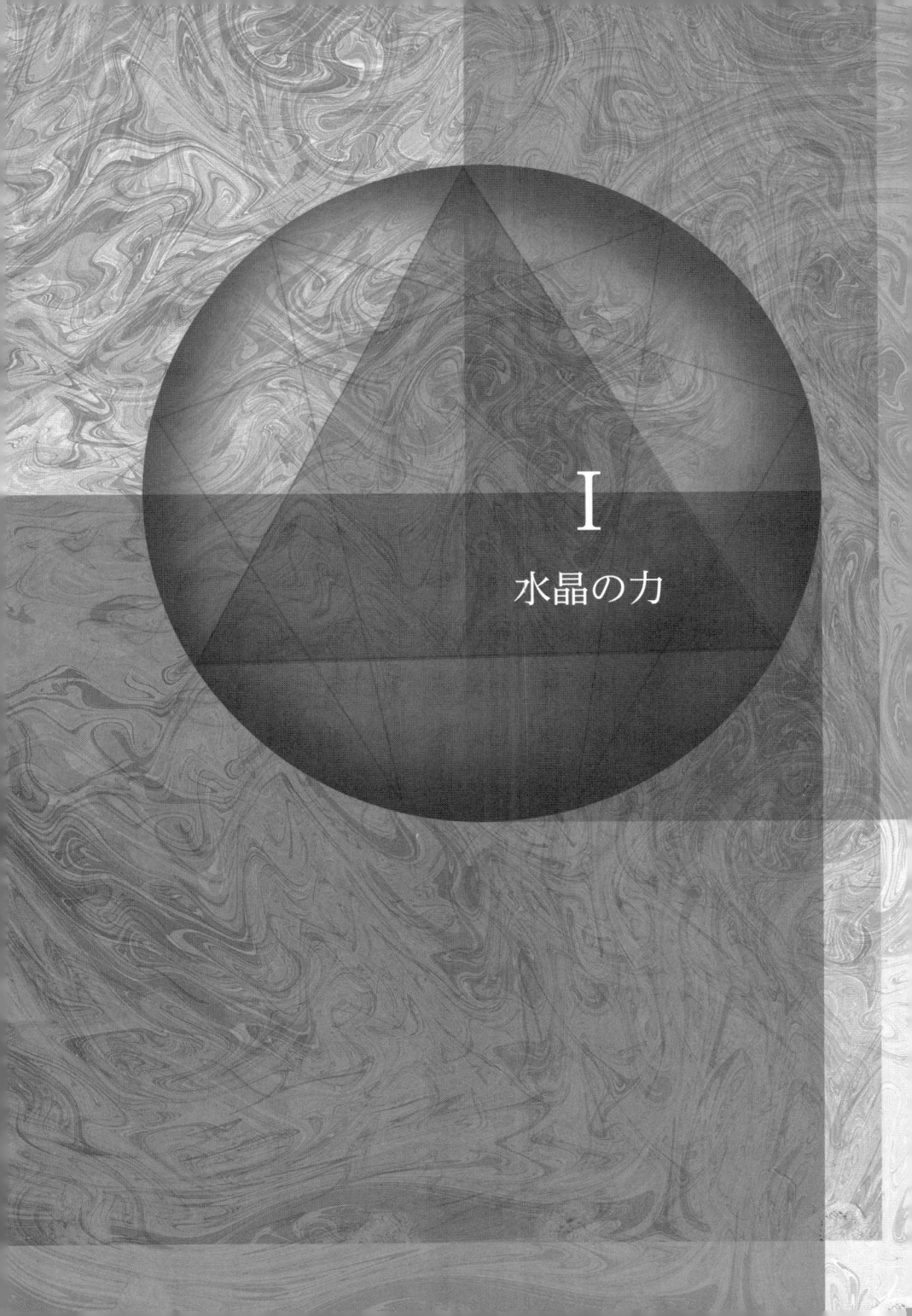

 水晶で映像を見る

水晶透視で見る映像は
テレビの映像とは異なっている

　本書は水晶について書いた本ですが、特に、「水晶を使って透視をしよう」という目的のために書きました。

　この「透視」というのは、水晶を凝視して、この中にくっきりと映像を見ることです。それは未来のことや遠い場所の光景ということもあります。昔から童話やファンタジーの中で、水晶球を見つめる風景はよく描かれていましたが、本当にそれができるということを知る人は、現代ではかなり少ないでしょう。

　18世紀に描かれた絵で、カトリックの僧侶が大きな水晶球を見つめているという作品があります。テレビもない時代には毎日のように水晶を見て、この中の映像を楽しんでいたのではないかと私は考えています。実際にそれができることを知っているからです。すぐにそんなことができるということはないのですが、習慣づけが定着すると、それが可能になるのです。

　現代ではテレビもインターネットもありますから、こうした楽しみ方はほとんど忘れられています。といっても、水晶で見る映像はテレビやインターネットのようなものとは根本的に違う面があります。

　建築家の渡辺豊和は縄文時代には、多くの人が夢の中で通信しあうという「縄文夢通信」をしていたのではないかと推理しています。この通信のために地上に籠目型の網の目のネットワークが張り巡らされ、これが今日では「レイライン」やオーストラリアのアボリジニがいう「ソングライン」

に相応するものとして有名になっています。このネットワーク上に、ピラミッドや人口の山、神社、聖なる建物、盤座（イワクラ）などが配置され、それぞれネットワークのハブとして機能していたのではないかという説です。

現代式に言い換えると、これはテレビや携帯電話を使うための送受信センターが各所に配置されていたようなものです。このネットワークを利用して、縄文人は夢の中で通信をしていたということです。現代では夢というと曖昧模糊として役に立たないのではないかと思う人も多いでしょう。

しかしいつの時代もそうだったとは限りません。種々の具体的な伝達を夢あるいは夢に近いトランス状態で行っていたとみるのはそんなに突飛な話ではありません。

視覚や聴覚だけに頼っていては本当の情報は見えにくい

ここで通信できる内容とは、テレビやラジオのように物質的・感覚的に確認できる情報ではなく、いわゆる「アカシックレコード」というものです。これは日常のレベルとは違う、もう少し次元が上の、多くの人が夢で体験したりする中でちらっとかいま見るレベルの情報です。ここでは神話や寓意、未来または過去に通じる普遍的なもの、さらにはより深く心に働きかける情報が行き来します。

地球には定常波としてシューマン波があることはよく知られています。地表と電離層の間をいったりきたりしながら、7.8Hz（ヘルツ）の周波数が地球を周回しています。

目をつぶってリラックスすると、この8Hz近辺の、すなわち脳波では

α（アルファ）波といわれる周波数で個人の意識の活動と地球集合意識が共鳴をして、集団意識が個人のビジョンの中に持ち込まれます。地球を整数分割した幾何図形を描く配置の場所に放送局を置くことで、このシューマン波のような信号に変調波を入れることができ、多くの人々の無意識にメッセージを埋め込むことができるともいわれています。つまり聖地とはそのような目的の場所ともいえるのです。

水晶で見る映像とは、このようなレベルの情報なのです。極めて長い期間、地中で結晶化してきた水晶は、こうした信号と共鳴する不思議な性質を持ってます。

私たちはそれをテレビやインターネットなどで見ることはできません。視覚や聴覚という感覚を使うと、縄文夢通信などで行き来する情報というのはむしろ見えにくくなります。そのため、あらためて水晶を見つめて、この中に未来から過去に長く横たわる情報源であるアカーシャの情報の流れを見るのは、現代ではやや見慣れない、新鮮なことだといえるでしょう。

水晶透視をすることで探し物とか競馬の勝ち馬を見るという具体的なことを考えてしまうかもしれませんが、水晶の縄文夢通信的な性質からすると、あまり適しているとはいえないかもしれません。「目には目を」というルールからすると、五感でキャッチできる見える世界、すなわち感覚的な世界で有効なものは感覚的な領域でチャレンジした方がよいのです。

水晶を見ることで直観的情報が手に入り
これまで体験したことのない感動を得る

　アカーシャは人生の細部の中のさらに細部に立ち入るよりも、人生全体とか、あるいは宇宙の仕組みとかを見ようとする時に有利です。そのようなレベルの記録であり、目前のメリットやデメリットには迎合しない性質があります。

　ビジョンのような映像を見ることだけならば、実は目をつぶっただけでも見ることはできます。慣れてくるとこんなに簡単なことはありません。しかし特別に水晶を使うのは、水晶が地球そのものを表す石であり、地球に籠目状に張り巡らされた地球グリッド、アカーシャのラインに共鳴的に接続されるという特異な性質があるからです。映像が見えなくても、そこに共鳴して情報がやってきます。また情報というのは、同時に強いエネルギーでもあるのです。

　そのため、昔から、水晶には開運効果があるとして重宝されていたのです。つまり、個人に、個人を超えたような力が降り注いでくると考えるとよいでしょう。力はいつも大から小に流れ込みます。そのため、人間がパワーを得たいと思った時には、人間よりも大きなシステムから力を取り込むとよいのです。人間同士で力づけしあうのは、そんなに大きな力ではないということです。人間よりも大きなものというと、それは土地や地球だということになるのです。水晶は地球の力を共鳴的に引き込む、地球の縮図とでもいえる代物なのです。

　水晶を購入して、本書の説明に従って水晶透視の練習をしてみましょう。中にはくっきりと映像を見ることができて、まさに神秘の世界を体験できる人もいます。それができなくても、うっすらとかかる色を見て、質

問に対する手がかりを得ることもできます。地球的なエネルギーソースに接続するので、映像が見えなくても、直観で情報が入ることが多いのです。それはとても刺激的で、言葉では言い尽くせない神秘的感情を味わうことになるでしょう。

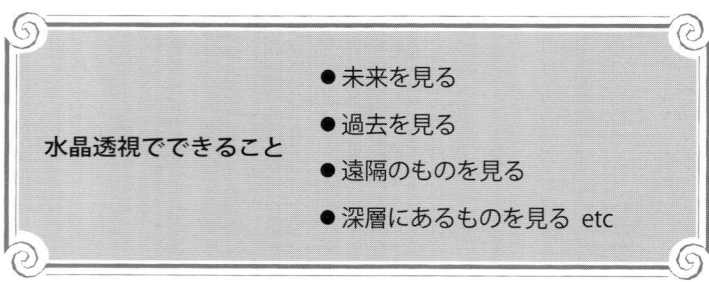

水晶透視でできること
- 未来を見る
- 過去を見る
- 遠隔のものを見る
- 深層にあるものを見る etc

　本書をあらかた書いた上で読み直してみると、大変に面倒な話題が錯綜しているように見えます。そのため、どういう練習をしたらよいのか混乱してわからなくなる人もいるかもしれません。
　要約として以下の項目を練習するとよいということを箇条書きしておきます。

- 水晶を手に入れて馴染んでいく
- リラックス法を学ぶ
- 呼吸法で「第二の身体」を活性化させる
- 額から見えないアームが飛び出るようにイメージしそれが水晶を包む

- 水晶の表面あるいは中に白いもやもやした雲が出るのを見る
- 眠る直前の朦朧とした意識を保つ。そこで映像が出現
- 映像が見えない場合は色彩を見る
- それでも無理なら、水晶のクラック（ひび割れや裂け目）やファントム（山入り、水晶の相似形）から違う形が浮かぶのを利用

　これを意識した上で、あらためて本書を読んでください。

　くっきりした映像が見えるようになるには時間がかかります。その間は、クラウドとしての色彩を見るか、それとも朦朧とした意識の中で水晶のクラックや映った反射の光景の片鱗などを利用して異なる映像を引き出すということを続けるとよいでしょう。ある日、くっきりと鮮明なカラーの画像がいきなり表れるようになります。その時にあなたは驚くことになるでしょう。

　はっきりした映像を見ると、急に興奮し、この興奮が原因で水晶の映像を見るのに不可欠の低空飛行のような脳波が急に上がってしまい、すぐに何も見えなくなっていきます。映像が出るのは当然だと思うことができれば、精神状態は変わらないので、映像を継続的に見続けることができます。ここまでくると、首を動かしても、少し動作してもビジョンは消えません。

　しかし、この精神を保つというのは、何度も映像を見たことがある体験がないと達成しづらいので、初めのうちはたくさん失敗しますが、それでも続けると、やがて安定します。また繰り返すことで、身体の中に映像を見るための組織が作られてきますから、やはり長期的に練習をするのがよいでしょう。人によって出来上がるのが早かったり遅かったりもします。

 水晶はどういう力を持つか

独自の内部構造を持つのが水晶
結晶は意識の幾何図形

　水晶は見ていると吸い込まれそうな気分になります。凝視するといかにもそこから何かが出現してきそうな気配があります。いったん水晶に魅了されると、なかなかそこから離れることのできない不思議な力があります。
　水晶はその内部に独自の結晶を持っています。水晶以外でも、こうした結晶があります。結晶は物質の個性を決めています。地球に存在する岩石とか鉱物は、結晶と非結晶（ガラス）に分類できますが、結晶は原子が規則正しく配列されて独自の形に成長するものを表し、ガラスは原子が不規則に並んでいるために決まった形がないものを指していて、ゆっくり成長すれば結晶に、急速に固まるとガラスになります。つまり、形成のスピードによって違いが出てくることになります。
　水晶やダイヤモンドは結晶で黒曜石は非結晶のガラスですが、鉱石以外にも結晶はあります。例えば、鉄は温度によって結晶構造が変化します。結晶構造が変化する温度を「変態点」と呼び、純鉄は900度に変態点があり、900度以下の結晶構造を「α鉄」、900度から1392度までの結晶構造を「γ（ガンマ）鉄」と呼びます。定義によりけりですが、ガラスは固有の結晶に固まらないので、粘性の高い液体であり、固体ではないと考えられてもいます。水晶はケイ素と酸素でできており結晶を持ちますが、石英ガラスは石英と同じ物質でできていながら結晶を持っていないので、固体にはならないということになります。

見える世界としての３次元領域では、いかなるものも陽電荷と陰電荷のようにプラスとマイナスに分かれています。この場の乱れに意識は引き寄せられます。というよりも、私たちの日常的な意識は、このプラスとマイナスの電荷の関わりによって働いていると考えてもよい面があります。そのため、特定の結晶の物質を見ると、知らず知らずのうちにその結晶の形に引き寄せられ、意識はその幾何図形の形に沿ったスタイルで働くようになるのではないでしょうか。

地球には５種類の正立体が内接し「プラトン」立体と呼ぶ

　巨大な地球にもそれ自身で大きな結晶があると考えている人々がいます。地球には、５種類の正立体が内接していると考えられています。これはプラトンが主張したことで「プラトン立体」と呼ばれています。もちろんこれは物質的に確認できるものではないと思われますが、1990年にロシアの科学者チームは、地球のボルテックスがこのプラトン立体の中で正十二面体と正二十面体を複合した形をなぞっているということを発表しました。

　基本的には、この地球に重なるプラトン立体は、地球のエーテル体といわれるもの、あるいは言い方を変えると「第二の身体」の形を表していると考えられています。「第二の身体」というのは、見えない磁気の身体のようなものです。とはいえ磁気で作られているわけではなく、昔の言葉では「気」とか「プラナ」で作られていると考えるとよいでしょう。

　地球にはこの大きな幾何図形から形成された、エーテル的な力の細かい網の目がくまなく張り巡らされているといわれていて、これが失われると猿一匹さえ生存は不可能だといわれています。プラトン立体の幾何図形

は比較的単純ですが、これが２次的、３次的に細分化されて、細かい網の目になり、あなたの傍の空間にもくまなく張り巡らされていることになるのです。一つの区画単位は三角形ですが、この三角形の辺の中点を結ぶと、さらに小さな三角形ができます。さらにその内部に三角形を作るということを繰り返すと、空間には無数の三角形が張り巡らされていることになります。

　一部の中に全体が反映されていると考えられているので、一つの生き物の中に地球全体を覆うネットワークがそのまま複写され、ちょうど脳の中のグリアル・ネットワークのようなものを構成していると考えるとよいでしょう。

　昔から、透視をするために黒いものをよく使いますが、黒地を背景にすると、このエーテル的な成分は、目を凝らすと実際に見えることも多いのです。あるいは真っ暗にした部屋の中に数十分いると、これが見えてきます。

　カール・フォン・ライヘンバッハという人は、実験前に数時間、被験者を暗闇に閉じ込めましたが、こうすると、誰でも空気中のエーテル波や気の力のようなものが見えてきます。

　水晶の結晶は、地球の持つ立体幾何図形的な構造と共鳴しあい、この地球の生命バリアともいえる地球グリッドの力を誘導的に引き込む装置であると考えるとよいでしょう。水晶自身にパワーがあるわけではないのです。この地球グリッドの巨大な力に共鳴し、常にそれを吸い込み、その架け橋となっているからこそ、水晶にはパワーがあるように見えるのではないでしょうか。つまり水晶は、地球の気の力、エーテル流のインターフェイスということなのです。

凝視しても正面的な集中が逸れることで水晶に吸い込まれる感覚となる

　ジュディ・ホールは『クリスタルを活かす』（諫早道子訳、産調出版）の中で、「クリスタル球に目を凝らすと、直観に注意が向きはじめ、理性のギアをはずしたままにしておくことができます。クリスタルの表面の屈折した光が視神経を引きつけて目の働きを抑えます。目の働きが停止していると、球は霧で覆われ、その霧の中に、イメージが現れます」と書いています。

　これは水晶の持つ複屈折性のことを説明しています。吸い込まれるような気分になるのは、これに関係していると考えてもよいかもしれません。この複屈折性ということを考えた場合、天然や人工に限らず、結晶化された水晶であれば十分に効果的といえます。

　通常私たちの視野は、中心的な部分が最も意識的な領域を表しています。そのため、正面からじっと見ているとどんな意外な映像も入ってこないし、入ってこないように私たちの意識的な意識が監視するのが常なのです。何も入ってこないように睨みつけていると考えてもよいのです。周辺視野には右脳的な情報が膨大に入ってきているのですが、中心視野に集中している私たちはそれに気がつきません。

　水晶の屈折する光線の性質は、この正面からじっと凝視しても、正面的な集中を逸らしていくという特殊性質があります。そのため水晶に限り、じっと凝視してもよいということになるのです。これは水晶の大きな特徴ではないでしょうか。じっと凝視しても、視野の外の、つまり無意識の情報が入ってくるのです。これは驚くべき性質といえます。

II
水晶とはどのようなものか？

 # 透視に使う水晶の種類

透視に使う水晶はどんなものでもよい
オススメは球体かポイントかジェネレーター

　水晶にはいろいろな種類がありますが、透視、すなわちスクライングに使うとなると、ある程度種類は限られてきます。とはいえ、どんなものでもできないわけではありませんから、自分はこれがよいと思って選ぶというのは構いませんし、気に入ったということなら、その方が理想的です。

　もし、特にこれがということがないのならば、透視の目的で私がオススメする水晶は透明の球体か、あるいは結晶の形をしたポイント（六角柱）です。ジェネレーター（水晶の錐面が１点に集中した形状）でもよいでしょう。

　これらは映像を見るのに適した面があるからです。水晶の呼び起こす波動的な影響という点でいえば、他にももっとよいものや優れたものもあるかもしれませんが、透視という点では、比較的シンプルなものの方がよいのです。

　『水晶球占いのすべて』（土曜美術社）の朝倉三心は、透視用の水晶は球体で、なおかつ透明度の高い方がよいと説明していますが、しかしリモートビューイングのジョゼフ・マクモニーグルはむしろクラックがあった方がよいと述べています。これは透視をする時の見方の違いです。つまり、異なる使い方をしている人たちがいるということなのです。

ポイント

　水晶の結晶に沿って表面を研磨したもの、あるいは研磨しないままのものを「ポイント」と呼んでいます。先の尖った鉛筆のような形、六面柱の形です。これは単結晶か、あるいはクラスター本体から取り外した結晶のことで、二酸化ケイ素（SiO_2）が六方晶系の結晶構造を持ち、柱の面は常に120度で隣り合わせ、柱面と錘面の角度は常に128.13度という規則性を持っています。

　水晶の中に映像を見る目的では、私個人は、完全に研磨された水晶球よりも、このポイントの方が好みかもしれません。気に入った一つの面を探し、その面をじっと見るということになります。実はこの面によって性質が違い、どこで見るかを模索した方がよいのです。

　千駄ヶ谷の事務所で水晶透視の練習会をしていた時、昼の休憩時間の間に、歩いて近所の原宿の石屋さん「コスモスペース」に出かけました。そこで比較的大きなポイントを購入し、そのまま浄化も洗浄もしないで、午後の練習会で見ていました。

　しばらくすると、上部の三角形の一面に、タピオカのような半透明の白い球状の粒がぎっしりとつまり、素早く移動するのが見えました。またその上にあるより小さな三角形の区画には、直線のラインが細かく複数入りました。私の場合、蜘蛛の巣の糸のような細い線が規則的に並んだ網の目などをよく見ます。これは地球グリッドラインを細分化したラインだと思っています。渡辺豊和の説だと、このグリッドの最小単位は45cmで空中にくまなく張り巡らされていますが、フーリエ理論を考えてみればさらに細かくなるはずで、数ミリくらいの間隔、あるいはもっと小さくエーテル波のラインが空中にあることになります。もっと大きな範囲の数十キロ

範囲のラインが、よく知られているレイラインなどになるのです。

　購入した初日に、数十分でこのようなものが見えたので、私はこの石は使えると思いました。このラインなどが幾何図形的に見えてくると、これをベースにして、その上に水晶透視の映像が乗るのです。つまりはテレビ映像を見る前に、まずはその映像信号が乗る基本の電波信号が通ったようなものです。

　しかし後になって、ある他の石屋さんにこれを見せたところ、「この石はあまり品質が良くないし、商品としては古い」といわれました。この石屋さんはもっと透明度の高い、より緻密に研磨されたものを販売しているお店の人です。

　しかしまた別の宝石づくりの職人の人は、「（むしろこの方が）透明度の高いものを売る石屋さんで購入したものよりも良い」といいました。私は両方の店で購入したものを両方見せたのです。「でも、この石はまだ寝てるね。起こすのに時間がかかりそう」ともいいました。

　コスモスペースで購入した石は、見た感じでは曇っていて透明度も少なく、また表面も研磨されていないのですが、私はこのポイントは透視には十分に使えるし、むしろ、自分に縁のある石かもしれないと思っています。練習会で5人の人にこれを使ってみてもらいましたが、全員がうまくいきませんでした。これは寝ているというよりも、気難しいのだと考えています。他の人に愛想をふりまかないのです。3ヶ月くらい経過してから、水のタットワの透視では非常に敏感に反応するようになりました。初めに出てきたのは水の中に住むライオンの顔でした。この水晶が特定の目的では役に立つことが判明するのに数ヶ月かかりました。

　他にも私はいくつかのポイントを持っています。一番大きなものは高さが30cm程度のものです。それぞれの面の中でどこが一番見やすいかを模索しますが、ある角度から見て、背後の曇りとか模様、傷などで複雑な内

部構造になっていることもあります。この場合、この曇りなどを利用して、そこから映像を見るモードに入るという人もいます。

球体

　昔から、魔女も『ハリー・ポッター』の学校の校長も、また『怪物くん』のお父さんも、水晶球を使って、遠隔透視をしています。そのため、透視は球の形がスタンダードです。一説では、透視の目的ではスモーキークォーツの球が標準だといいます。

　ポイントの場合には、たいてい気に入ったある一面を見ればよいのですが、球体となると、明るい時には背後の光景なども反射します。自分の顔も映っています。透視をする意識の状態に入るとこの反射像は全くのところ気にならないし、実際に見えなくなりますが、しかし、しばらく試行錯誤をする必要があるでしょう。正直な話、当初は私にはなぜ球にしなくてはならないのかの理由がいま一つわかっていませんでした。地球グリッドとしての結晶体に共鳴していくというのが水晶の本性ならば、球にする意味はないと考えていたからです。

　地球という球体に合わせているのかという話になりますが、例えば、ルドルフ・シュタイナーは「地球は球体ではありません」と説明しています。シュタイナーによると、正四面体のそれぞれの面が膨らんだ、ボールのようなものが地球なのだそうです。これは地球グリッドを研究したロシアのチームも、「そもそも地球は正確な結晶だったはずだ」と述べています。しかし球の形の水晶は圧倒的な凝縮度を持っています。これは否定できません。力が集まるのです。

　球体は透視目的にも使えますが、それよりも、水晶の持つ開運効果な

どを期待されるのではないでしょうか。地球にも人にも、あらゆるものには目に見えない「第二の身体」とでもいえるものが、形の外側を取り巻いています。実は生命の実体はこちらの方で、目に見える形や肉体というのは、この「第二の身体」の磁力に引き寄せられて、より低次の物質の素材が集まってきたものです。磁石に引き寄せられる砂鉄のようなもので身体が形成されているのです。実際に私たちは食物を食べています。それらによって肉体は維持されています。磁力のような引き寄せ力が働かなくなると、身体はおそろしいスピードで分解を始めます。

　水晶は地球のボルテックスの幾何図形的な集積である、地球の「第二の身体」の力を導入してきますから、その模型となる私たちの「第二の身体」にもチャージされます。私たちの「第二の身体」の（幾何図形的な構成の）網の目は身体の周囲の身近な数センチの範囲にあり、補色を見る練習をした後に、薄暗がりの中で見ると、身体の周辺に青白く輝くそれを見ることができます。そこに地球の力を吸い込む。すると、それは強い気の力となり人生の推進力になるのです。

　パワースポットに行くというのは、地球の強いグリッドの力から少しだけ力を吸い込むことでもあります。網の目のラインは、日本では「御来光の道」とか「太陽の道」と呼ばれ、多くの人が常時そこにお参りに来ます。

　人体の「第二の身体」は内側にエーテル体の網の目、その外に、数十センチの幅で、オーラと呼ばれる卵型のフィールドを構成しています。オーラはエーテル体を基盤にして、その上に種々の次元が乗って働いています。これに比較して、機械で見ることのできるオーラは生体磁気とでもいえばよいもので、オーラとは微妙に違う面があり、身体の周囲の電磁気的な膜を検出します。私たちの感覚はあまり解像度が高くないですが、機械装置は人の感覚よりももっと解像度が低いので、オーラに映し込まれた微妙な精彩は測ることができないのですが、オーラが電磁気的な要素に与えた影

響力の部分だけは機械で検出は可能となるのです。

　「第二の身体」の線が細く、過敏体質の人も、水晶で「第二の身体」を図太くすることができます。この用途のためには球体を使うとよいでしょう。図太くなった人はたいてい健康になり、また気が強くなります。なかにはなかなか欲張りになる人もいます。

　透明度の高い球体の水晶は非常に高価です。というのも、実際にそういう透明度の高い部分を切り出すことができる機会は稀少で、直径が4〜5cm以上のサイズになると、なかなか手に入らなくなってくるのです。AAAレベルというのが最も高級な水晶ですが、それは貴重です。しかしそれを手に入れたなら、それは非常に強力な力を発揮するでしょう。大変に圧縮された力を感じると思います。

ファントム

　ファントムは水晶の結晶が生成していく過程で一度成長が止まってしまい、その空白期間に気泡とか他の物質が取り込まれ、また成長が再開された水晶です。「山入り水晶」と呼ぶ場合もあります。ファントム水晶は、異物を取り込んで成長したことを表すので、困難にめげずに発展するという意味でありがたがられることがあります。

　水晶の内部の複雑な構造が原因で、さまざまな幻像が見えるような気がします。しかし、そもそも水晶透視は五感を使うという感覚的なものでなく、「第二の身体」によって見るので、この視覚的な効果というものを導入に使っても、途中からファントムも模様も全く見えなくなり、せっかくの模様もあまり役に立ちません。つまりは導入にのみ利用するということになるのです。

結晶が一つの構造体であると考えた時には、割り込んできたということは、外部干渉だということです。すると、このファントムを透視目的で活用した場合には、一つの位相から別の領域へと「裂け目」ができていると考えることになります。

　私たち個人の人格は、大きな自己の片鱗であると考えられています。この大きな自己から見ると、私たちと同レベルの違う人格が複数存在し、この異なる領域からの情報が、無意識からのインフォメーションになりやすいとも考えられます。ここにシフトするためのショックを、ファントムの水晶は純粋な水晶よりも余計に持っているのではないでしょうか。

　霊能者の中には、事故で怪我をした時に能力が目覚める人がたくさんいます。それは今の人格に傷を受けることです。その傷を通じて、大きな自己というクラスターの中に内包される、違う人格にアクセスしたのです。この違う人格にアクセスすることは、長じて、大きな自己への架け橋となることがあるのです。というのも、小さな人格、つまり今の私たちが温存される生活では、ずっとこの小さな自己こそがすべてだと信じ込んでしまうことになりやすく、より大きな自己への拡張のきっかけを見いだせないことも多いからです。

　純粋な透明度の高い水晶球でなかなか透視ができない人は、むしろファントムで試した方がよいかもしれません。私個人の体験では、ファントムに映る映像は華やかで光っています。またファントムだけでなく、さまざまな形のもので気に入ったものがあれば、それを使ってください。

黒曜石

　透視ということでいえば、水晶でなくても使えるものは多数あります。これについても付け加えておきます。

　私が最近気に入っているのは、黒曜石の板です。10cmの正方形で、秋葉原のお店から通販で購入しました。これに東急ハンズで購入したルーペ台を改造して、そこに貼りつけました。そのため手で持たなくても、適切な角度でこの黒曜石を見ることができるのです。

　見ているうちに2〜3分で、灰色がかった雲がもくもくと動き始めます。また、動物の腹のように、オレンジ色の動くものが見えますが、それらは黄緑色の筋に囲まれています。ちょうど静脈が黄緑色に浮き出したかのようです。黒曜石を見ると、常に何か出てくるので、速い反応をする素材であると考えてよいようで、私は黒曜石と相性が良いのではないかと思います。

　これは人によって違うし、黒曜石をむしろ敬遠する人もたくさんいます。ジョン・ディーは黒曜石を愛用し、それは大英博物館に残っているようです。黒曜石は、昔は武器や包丁などの代わりによく使われていたそうです。割れると割れ目が尖っているので怪我しやすいのです。黒曜石は非結晶のクリスタルと分類されています。

　この黒曜石を使う場合、水晶と違って、表面に目の焦点を合わせることが大切なようです。すると、表面に雲が漂い、この雲は不定形な形に動きます。しかし雲はわりに直線的な形をした断片が多いために、虫の足や草などに見えることもよくあります。それからこの漂う雲が集まり、何かの具体的な映像と化すのです。散らばる煙のようなものを集めて映像にするので、薄いカラー、そして半透明で、まだあまり固まっていない映像として出現します。

建物内部に、例えば廊下が表れて、その廊下を辿っていくと行き止まりになり、そこに生き物が座っていたりします。また、この世のものとも思えない異界的なもの、流動する生命のるつぼのようなものもよく出てきます。しかし不気味なものだけでなく、三菱工業のバスの設計図というのが出てきたこともあり、その時には私も驚きましたが、水晶透視や黒曜石ビジョンは何でもありなのですから、不思議でもないでしょう。

　ただし、素材によってアクセスする世界が違うので、黒曜石には黒曜石なりにつながりやすい領域というものがあるはずで、カトリーナ・ラファエルはムラダーラチャクラ、つまり土の領域や低次元なもの、物質に近い世界というふうに評しています。物質に近い世界だからこそ、バスの設計図が出てきたのかもしれません。

　黒曜石は暗黒の感情とかコンプレックスなどを表面化させます。純度の高い透明な水晶はなかなかそういう領域にはつながりにくい面があるので、これは貴重かもしれません。つまりはその部分をクリアにするに意識化する必要があるからです。気が上がっている時に黒曜石を見ると、急に着地した状態になります。

　ムラダーラチャクラ、あるいは冥王星領域にアクセスできる黒曜石は、それをアクセスする目的で使う場合には、他に代わるものがないのです。これは波動としての活用法ですが、もちろん、石はみな違う波動を持ち、透視する時にも、それに関連した世界を覗くことになります。

　波動の種類は、同調できる世界を決めてしまうのです。透視目的で考えた時に、石の波動の違いは、放送局の周波数の違いのようなものです。NHKでしか見ることのできない種類の番組はテレビ東京では見ることができません。もちろんこれは石の種類だけでなく、石の採れた地域の特性やサイズ、さまざまなものが影響します。同じものは何一つないと考えてもよいでしょう。

黒ガラス

　黒ガラスとは、時計ガラスのように湾曲したガラスで、凸面に黒エナメルを塗布し、凹面を見るのです。これはただのガラスですから、石の持つ波動的な個性は弱く、むしろクリーンな活用ができると思います。これも黒曜石について見やすいです。

　イギリスの魔術団体で通信教育をしていたW・E・バトラーは、この使い方を紹介し、またこの黒ガラスこそ定番的に活用されているものだと説明しています。バトラーの本は角川文庫から、『オカルト入門』（大沼忠弘訳）として出版されていますが、もうこの本はずいぶん前に絶版になりました。

　以下に『オカルト入門』の章立てを紹介します。

Ⅰ　透視力を身につけるには
　1　透視とはなにか
　2　透視の類型
　3　訓練技術
　4　霊視
　5　おわりに

Ⅱ　サイコメトリの行い方
　1　物は語りかける
　2　心霊的才能について
　3　予備的訓練
　4　最初の数歩
　5　おわりに

Ⅲ　オーラの読み方
　1　オーラとは何か
　2　オーラの構造
　3　力の回流
　4　感情態　知能態オーラ
　5　オーラを視る眼を開発する

このような内容で、黒ガラスに関しては詳しい作り方が説明されていました。また練習をしていると、額の部分がむずむずしてくると説明しています。これは第三の眼が刺激されているからです。私は30年以上前に新宿の三省堂書店でこの本を見つけて、凸型のガラスを探し歩き、楕円の額縁についたガラスを取り外して作りました。時計を一つ壊して、作ったこともあります。

　それから毎日昼や夜に練習し、また夜眠る前には必ず見ることにしていた時期があります。その頃、ただ見るという無目的な見方をしていたために、随分と時間を無駄にしたのではないかと思います。

　膨大な海のような情報網の中でビジョンをしっかりと取り出すには、「知りたいことをしつこく探す」というアクティベートが不可欠です。これによって、巨大な蔵書の図書館の中から特定の本を見つけ出すことができるのです。これはバトラーもあまりはっきりと明記していない事項でした。目的もなく「流す」ような見方をする人もいますが、それはかなり上級者になってからできることで、初めからそれをすると、いつまでも何も見えない場合もあります。バトラーの著書では、友人は7年かかってやっと見えたということですから、明らかにアクティベートなしで見ていたことになります。

　毎日見ていると、レーダーのように、白いもやが回転します。そのまま何も起こらないということが何ヶ月も続きます。今ではこの練習はもっと効率的に進めることができます。バイノーラルビートを使って脳波をθ（シータ）波にするとか、身体は眠り意識は目覚めるというエーテル体へのシフトをもっとシステム的に行っているからです。

　ずっと見ていると、ある日、沸騰したヤカンから出る湯気のように、白いもやが高速で回転します。ふっと消えたかと思うと、ちかちかと星空のような光の点滅が出てきます。その後、いきなり具体的な映像が鮮明に浮

き上がってきます。この体験はかなり劇的です。ファントムクリスタルで見ていると、たいてい、はっとする輝くような鮮やかで、華々しい風景が見えてきます。黒ガラスの鏡で見ると、こうしたキラキラするような光景は見えないですが、しかし細かいディテールを描くようなものが出やすいのではないでしょうか。

　黒ガラスの練習を続けていた時期、私は夜寝る前に、ある人物を毎日呼び出して、会話していた記憶があります。言葉は聞こえないのですが、相手は身振りとか、また直接印象を送り込んでくるという形で、意図はわかるというものでした。それにこの映像が見えやすいように、あらゆることを試みた記憶があります。

　2mくらいの高さのピラミッドを作って、その中に入って見ていたのも30年以上前の話です。このピラミッドの中にベッドを置いて、そこで私は寝ていました。このようにすると確かに見えやすいのです。ただし他の人に有効かどうか、試していません。

　バトラーは、眠れない夜などはこの黒ガラスをよく見ていたと書いています。私の場合、ここ数年は眠れない夜があると、これぞチャンスとばかりに身体の周囲に気の球体を作り、幽体離脱してしまいますから、黒ガラスを見ることはほとんどありません。

　長い間、このバトラー式の黒ガラスを多くの人に勧めています。また最近は美術工作の得意な人に木枠を作ってもらい、この木枠を斜めに立てかける金具に乗せて、やはり手を使わないで見ることができるようにしています。しかし実際には、あまり頻繁に使っていません。すぐに黒曜石を見てしまうからです。

　他にも黒いゴム板、ペットボトル、電源を切ったパソコンの液晶画面、凪いだ湖の湖面なども使うことができますが、鉱石を使うのとは違う見え方になります。

デルフォイの水盤

　ノストラダムスは預言をする時に、金属の皿に水を張ってそこで見ていたといいます。この水盤を支える足は３本です。これがデルフォイの巫女が使っていた道具だといわれます。この場合、金属は反射する素材がよいらしいのですが、日本でも海外でも、古代には反射するものが重宝されていたようです。

　ノストラダムスの方法は、ホロスコープを作り、ターゲットを決めて、デルフォイの水盤を覗いて、その時代を「第二の身体」で「バイロケーション」したといわれています。そのため、現在にもやってきたのではないかと考えられています。バイロケーションというのは自分の「第二の身体」を分割して、異なる時間や異なる空間に飛ばすことをいいます。「第二の身体」が、アメリカの物理学者リチャード・P・ファインマンのいう自由電子のような性質ならば、それは時間や空間の因果律には縛られないことになります。

　バイロケーションは、初めは漠然としていますが、慣れてくるとかなり実感的に伝わってくるので、曖昧な印象ではなく、わりとリアルに感触を確かめることができます。これらはどのような道具を使うかではなくて、その人がどのようにバイロケーションできるかということです。

　水晶透視もデルフォイの水盤も、情報を探査するというのは、「第二の身体」のバイロケーションということになるのです。アカシックリーディング以外に、リモートビューイングなどさまざまなことが起こります。

黒インクを張ったボウル

　インドでは、いろいろなヨガの瞑想チームで、生徒たちに車座になってもらって、真ん中に黒インクを満たしたボウルを置いて、それぞれビジョンを見てもらうという修業をしていたという話があります。一人で見るのではなく、集団で見るということには大きな意味があり、互いに同調しなくてはならないし、より集団無意識に近づき、より深いレベルを見ることができるようになります。

　それは私が「チェーンリーディング」を複数の人に試みてもらっている時に感じることです。チェーンリーディングというのは、複数の人で回転しつつリーディングすることで、私の造語です。

　この練習では、映像が見えていなくても回答する必要があります。映像にまで見えるというのは、かなり具体的なところまで降りていることですが、それ以前の「感じる」という段階でも情報としては十分なことも多いので、回路さえできればよいのです。そして回路はこのように集団で車座という形でなら作りやすいといえます。車座の真ん中により高度なレベルの扉が開きます。

　チェーンリーディングは、一つの質問を、数人で数時間ずっと回し続けると理想的です。すると、自分が思い込んでいるイメージを説明することに早々に飽きてしまい、行き詰まり、それでもそれを繰り返す中で、真のビジョンに接近します。また誰がどんな癖を持っているかということも、比較的早く判明します。ビジョンは大半は自分で作り出したイメージですが、しかしその中に少数の真のビジョンが入ってきます。いつも真のビジョンを見るというのはプレッシャーが強すぎて、心身の健康な保持ができなくなってしまいます。というのも、真のビジョンというのは、本当の意味

で外部的なものであり、そこの力に大きく浸食されていくからです。

　リーディングは、どんなに能力があっても読み手の知的背景に強く影響を受けます。読み取り装置次第で内容は変わってしまうのです。チェーンリーディングをすると、この個々の知的背景による内容の編集具合が手に取るようにわかります。それはおおいに練習になるのです。

　水晶透視を行うための道具について説明してきましたが、映像を映す素材は実は何でもよいということがわかると思います。しかし目をつぶって、脳内スクリーンで見ることと、目を開いて、何かに投射して見るのは、作用がかなり違います。よく「何も使わないで、目をつぶって見る映像とどう違うのですか？」と質問を受けますが、私は、目の前の何かに反射させて見ることは大きなエネルギーを使い、これが想念のノイズや思い込みを減らし、意識の監視からこぼれたものが見やすくなるからだと説明しています。

　例えば、数分のθ波体験の中で、目をつぶって脳内で見るビジョンの場合、人によっては十数個のイメージを乱雑に見ることもあるでしょう。ところが目を開けて水晶の中に映像を見る場合、せいぜい二つか三つくらいしか見ることができません。一つのシーンを点滅する光のように、次々と角度を変えて見るという体験をしたことがありますが、こうなるとたった一つの光景です。

　脳内はより薄く、微弱な力で見るが、目を開けて見るのはより濃く強いパワーが必要で、そう簡単には動かないのです。これが「エーテル体が反射した映像」の特性で強烈なインパクトがあります。話が矛盾しているように聞こえるかもしれませんが、このような映像の場合、自分の空想の比率は著しく減少します。水晶透視は脳内イメージと時々水晶透視の映像の両方を体験することが多いのではないでしょうか。

② 水晶をどうやって手に入れるか

水晶は長くつき合う相棒のようなもの
縁を大切にして自分で根気よく選びたい

　水晶の選び方はなかなか難しいものです。これから何年もかけて使う水晶を選ぶのに、どうすればよいのか、さっぱり見当もつかない人もいるかもしれません。

　水晶はいろいろな場所で販売されています。今では通販もあるし、ネットオークションもあります。ミネラルショーなどの展示即売会で買いつけに走る人も多数います。ネットオークションでは基本的に値段が安いので、気楽に手に入れることができます。しかし現物を見ることができません。

　私はしばしば水晶透視講座を開きますが、この講座に参加するために急いで水晶を入手する人は、たいていはネットオークションで手に入れます。しかも参加する女性はあまりネットオークションに詳しくないので、旦那さんが代わりに手に入れてくれたという話もあります。しかしこれはあまり良いこととは思えません。300円の水晶や5000円で直径10㎝のものという人もいれば、7㎝程度のもので15万円という人もいます。

　水晶をものとして考えずに、これから長くつき合う相棒であると考えて、その入手には根気と時間をかけていくとよいでしょう。ある本では、水晶は自分で選ぶことはできず、水晶の方が人間を選ぶと書いてあります。縁があってやって来るものならば最も理想的です。ここでは私たちが感覚で考えていくと、水晶の選定を誤ります。

　そもそも水晶の透視は「第二の身体」で見るものですから、見た目や

触った感じなどの感覚情報でその性質を判断することができないのです。見た目に騙されてはいけないということです。エーテル的な力が重要であるなら、そこから発信される波動的なものや雰囲気などによって判断するしかありません。目を開くと感覚の視覚に邪魔されるということでは、目をつぶって雰囲気を感じることです。しかし、お店でそんなことをしていると、またかと思われることも確かです。

　ミネラルショーでは、ブースの前に陣取って10分以上、微動だにしない客がいて、何をしているかと思って見てみると、水晶を手に取ったまま瞑目しているという光景を見かけます。混雑する中でも構わずこれを続けるお客さんは大胆です。ですが、エーテル体にシフトしないと水晶のことはわからないとなると、感覚ではないもう一つのアンテナを張り巡らせるしかありません。

　見たところあまりぱっとしないものでも実際には優れたものがあります。あるいは反対の場合もあります。水晶の透視をするという目的だけでは、既にどんなものでも活用できるのですから、その水晶が偽物であっても十分です。アクリル球であっても映像を見ることはできます。

　しかし、地球グリッドと共鳴してエーテル的な力を引き込むというのが大きな目的ですから、天然ものを選び、出身地も考えておきましょう。

　ホロスコープでカートグラフィとかマップが使える人は、水晶の出身地が自分にとってどの惑星のパラン（クロスの）エリアなのかを考えてみるのもよいでしょう。しかし良い悪いはありません。個性の違いだけです。

一つの水晶を手に入れると用途別に複数持ちたくなる

　選ぶ場合には、お店の人とか誰かに何かいわれたことで判断するよりも、それが本当に自分にとって馴染めるか、気に入るかで選んでみましょう。また販売しているお店には、お店の明確な個性があります。それは店主の性格からも推理できます。そのお店には、そのお店のキャラクターにあったものだけが置いてあります。一つの店だけで選んでしまうと、そのお店とあなたがあまり適してない可能性もありますから、後で違うお店で買ってしまうということにもなります。

　私は水晶透視の練習会をしていますが、参加者が次々と水晶のコレクションを増やしてしまうことに驚きました。参加者の多くは女性で、女性が実はとことん石好きだということを軽く見ていました。私がサンプルで見せたものも買われてしまうので、私の手持ちの石が次々と減っていきます。そのため、気に入ったものは見せてはならないということもわかりました。

　複数の石を購入してしまうのは、使っているうちに合うとか合わないとか、また個性の違いが認識されていくためです。数ヶ月使っていれば、その特徴ははっきりしてきます。同じ透明の球体でも全く用途が違うということもあります。これは透視用、これは調整用、調整用でも動きに関係すること、攻撃的、鎮めるもの特に対人、健康などといろいろです。

　さらに興味が強くなり、だんだんと深入りします。選ぶことには、ある程度時間をかけた方がよいでしょう。最初の１回でフィットするものを探し出すこともできるでしょうが、試行錯誤してみるのもよいでしょう。というのも、水晶とは何年もつき合い続けるものだからです。

3 高自我・中自我・低自我

自我の３段階はカフナ式の言い方であれば高自我・中自我・低自我となる

　G・I・グルジェフというロシア圏の神秘哲学者は、宇宙のすべての存在の位階表、生きとし生きるものの図表を発表していますが、それを見ると、鉱石の高次な領域は、人間の低次な領域、つまり「第二の身体」の基礎の振動密度に対応しています。

　これはフランツ・アントン・メスメルのいう動物磁気と同じレベルの振動密度の物質です。そのため石を使うことで、私たち自身としては不安定な「第二の身体」を安定させることができるのですが、石の種類により、同じ周波数で波動の違うものが手に入ることになります。

　グルジェフは、すべての有機体は、上・中・下という三つの層で作られていると説明しました。もし、私たちの世界がアリストテレスのいう生命の階段のように階層状になっているとしたら、一つの有機体は、その中に上・中・下という三つの区分があるのは当然ともなるでしょう。なぜなら、上にあるものと接点を持つところが必要で、下にあるものと接点を作らなくてはならず、そして自分自身という中層があることになるからです。

　これは未来・現在・過去という進化の方向性も作り出します。さまざまな生命が竹のように連なっています。上・中・下は、ハワイの密教であるカフナ式の言い方であれば、高自我（超意識）・中自我（日常意識）・低自我（下意識）となります。

　水晶とか鉱石を見ていると、そこから発信されているエーテル的な磁気

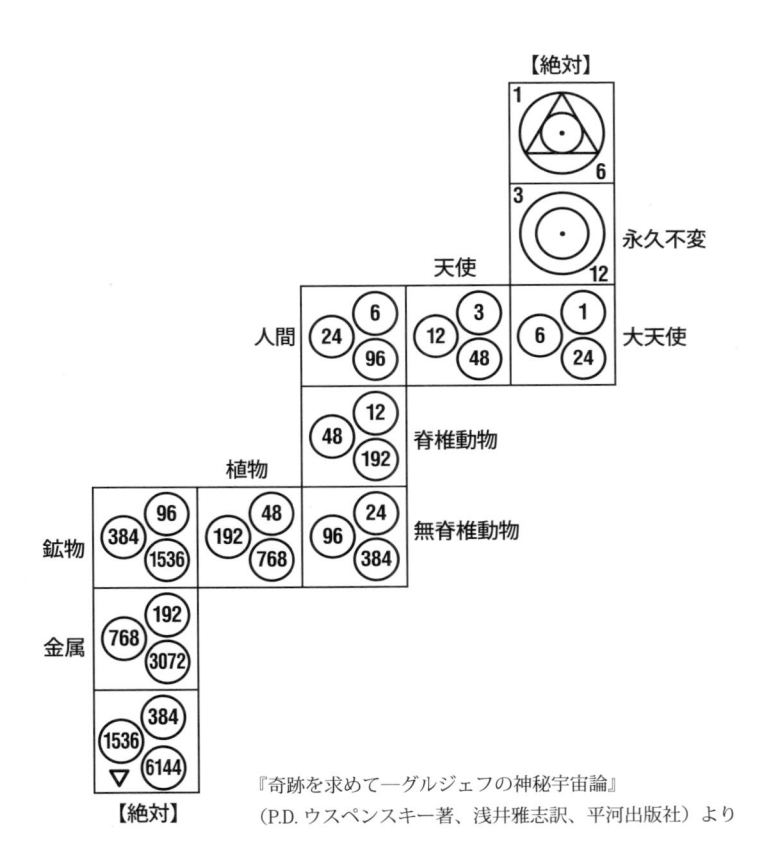

                                    【絶対】
                                    ┌─────┐
                                    │ 1   │
                                    │ ◯   │
                                    │ 6 │
                                    └─────┘
                              ┌─────┬─────┐
                              │ 3   │   │
                              │ ◯   │   │永久不変
                         天使 │ 12 │   │
                        ┌─────┼─────┼─────┐
                   人間 │ 6   │ 3   │ 1   │大天使
                        │24 96│12 48│ 6 24│
                        └─────┼─────┴─────┘
                              │ 12 │
                         植物 │48 192│脊椎動物
                  ┌─────┬─────┼─────┤
               鉱物│ 96 │ 48 │ 24 │無脊椎動物
                  │384 1536│192 768│96 384│
                  └─────┴─────┴─────┘
               ┌─────┐
            金属│ 192 │
               │768 3072│
               └─────┐
                   ┌─────┐
                   │ 384 │
                   │1536 6144│
                   ▽
                【絶対】   『奇跡を求めて—グルジェフの神秘宇宙論』
                              （P.D. ウスペンスキー著、浅井雅志訳、平河出版社）より

の力は、私たちの低自我の生命感覚に働きかけます。感情の振動密度は
このレベルよりも上にあるために、鉱石や水晶を持っても感情はさほどは
変わりません。また感情が働きかけても、私たちのこの低自我に当たるエー
テル体の部分にはそんなに強く働きかけできません。

　つまり感情とか知性とかを使って、私たちが意識的にアプローチしても、
この私たちの低自我領域にはもともとあまり届かないのです。ただし感情
とか知性のパターンを繰り返した結果、感じることができなくなった自動
的な気の働きの部分が、私たちの低自我に対応します。私たちはこれを過

去とみなし、ここに関わらないのが通例です。意識的に扱いたくないからこそオートマティックにするのです。そのため、ストレートにアプローチできなくなってしまっています。

生き方を支配しているのは低自我
水晶を通して低自我に働きかけができる

ところが人生の具体的なレベルでは、たいていこの低自我が支配力を持っています。それをないがしろにすると、人生はどんどん悪化します。例えば道を歩いていて、地面につばを吐く人がいます。地面は自分とは無関係の、自分と切り離された外部的なものと思っているからです。

しかし、これが私たちの中にある地面的なものに対する態度ということになり、実生活のさまざまな面を無神経に扱う姿勢になってくるので、その人の人生は向上することもないし、したことを自分にされてしまいます。つばを吐くように解雇されたりすることもあるでしょう。

どんな生き物でもその具体的な生き方を仕切っているのは、高度な精神の高自我でも、また日常意識としての中自我でもなく、低自我です。

人生を悪化させる最大のものは、悪い言葉だといわれます。いつもは慎重でも1ヶ月に一度感情が揺れて、心にもない暴言を吐いた時、低自我はそれを選別しないで記憶し、実践します。

またどんなに努力したり、勉強したり、有意義な体験をしても、このエーテル体領域にそれが記憶されていない場合には、最後には失います。このエーテル体に刻むには、もう意味も感じなくなるくらいに果てしなく繰り返すことです。他にも書き換えるには、幼児教育や集団による効果や儀式の影響、強烈な極限体験などがありますが、どれも少しばかり特殊です。

しかし、鉱石はその高自我が人間の低自我に共鳴するので、石を通じて私たちは自身の中の低自我に働きかけることができるのです。これはかゆいところに手が届くような効果です。

　水晶を見ていると、熱感があったり、また何か水に浸されたような感じになったり（これは私が感じることです。水浸しです）、ちょうど風邪を引いた時のような症状に少し似ているような感触とか、あるいは急に自分の世界が開けて、より大きなところにつながっているような感じがしたり、筒抜け感とか、頭の真ん中が揺れたりとか、さまざまな感触を感じると思いますから、それらを確認して、選んでみてもよいでしょう。

　これらの感触は感覚ではありません。感覚、つまり見た目や触った感じ、匂い感覚、何か音を感じることなどによって受け取る印象とは異なるもので、いわば「非感覚的、実感」といえるものです。これが「第二の身体」の実感なのです。

　一方で、鉱石は振動が常に一定ですから、その固定的性質に束縛されているようにも感じることがあります。そこで必要な時には、傍に置いたり、持ち歩いたりし、またそうではない時にはケースに入れておくなどして影響を加減すればよいと思われます。

　それぞれの実体にとって高自我は理想を意味しますから決して手放しません。それが安定性をもたらしたり、時にはしつこすぎる性質に感じたりするわけです。水晶はエーテル体につかみ、それを手放さないのです。41頁のグルジェフの表では「96」と書いてあるところです。

4 浄化とリセット

見えないものもキャッチしてしまう水晶
余計なものをはき出させるための浄化が必要

　手に入れた水晶は、まずリセットする必要があります。これは、水晶がエーテルレベルのものを記憶する性質を持っているためです。私たちは高自我、つまり超意識的な体験をした場合には、それを一生忘れないようにするはずです。今の自分から見ると高度な次元や体験、理想というのはないがしろにできないし、そこを一生かけて追求する人も多いのです。人生の価値観のコアになってしまうのです。それに比較すると、低自我は食物や排泄物のようなレベルとみなされ、それを意識しないことも多くなります。

　低自我から見ると、人間の発言は神の言葉のように受け取られます。私たちの日常意識（中自我の意識）は、自分の言葉を日常的に受け止めますが、低自我から見ると、それは神的な要素とみなされます。そしてそれにこだわります。

　水晶の高自我は、人間の低自我と同じ次元であるということになると、人間がいつもはあまり意識しない下意識や無意識などのレベルの印象を、水晶はまるでお宝か理想のように、掴んで離さず忘れないのです。鉱石すべてがこのような性質を持っていますが、水晶はさらに受容性の高いものであるということを考えてみると、覚えが良すぎる存在だという話になります。

　そのため、買ってきたら、今まで置かれていた環境の影響を後生大事に

吸い込んでしまっているので、それを開放する必要があるということになるのです。これを怠っていると、私の体験では、びっくりするような異質なイメージを見たことがあります。つまりはそのようなイメージで理解されるような波動を発しているということです。それが生活に影響を与えないはずがありません。

　水晶透視は、このように見えないものをキャッチすることでもあるので、ますます、このような水晶が溜め込んだ異質な記憶は強い妨害になるのです。見えないものは見えているものに比較すると、より強い支配力を持っています。というのも、私たちは見えないものまで管理しようとはしないからで、そのために見えないものに対して極端に無防備だからです。

自然の滝や湖に浸すのが一番だが　それが無理なら室内で流水につける

　浄化の方法として一番贅沢なものは、自然の中で滝とか湖に浸すことです。しかしこれはなかなか難しい人もいると思いますから、室内で流水につけるとよいでしょう。１時間ほどそこにおいて置くとよいのではないでしょうか。

　水晶は「第二の身体」レベルでの通信機ということは、「第二の身体」レベルに私たちがシフトする時間、つまり夢の場所で水晶のコンディションを確認することもできるでしょう。感覚で認知できる見た目や触った感じなどによってこのコンディションは確認できませんが、数日、眠る前に水晶に関心を向け、このコンディションを知りたいと願ってから眠ってみてください。水晶と夢は連動させるとより効果的なので、手始めにコンディション調整するとよいでしょう。

水晶は「水精」と書かれたり、「凍った水」といわれたりします。夢の中で水や風呂などが出てきたら、それは水晶のことである場合も多いのです。そのことにまつわる夢を見たら、記録し、解読を試みましょう。縄文夢通信は、地上にネットワークを作って行われることを書きましたが、部屋の中に水晶を置くと、その支局ができるようで、夢の内容はやがて変わってきます。

　水晶は置いておくだけでも効果はあります。人間の「第二の身体」の基底部を表すエーテル体の部分はかなり不安定です。人間はこの領域の不安定さが原因で、多くの矛盾を抱え込んで生きるのです。そのため、水晶などによってサポートされた方がよいと考えてもよいかもしれません。

　人間は独自の文化を作りました。そしてこの独自の文化の中で、自然界から遊離して、人間同士で成立する価値の中で生きています。長い間それを続けていると、まるでそれが自然なものに見えてくるのです。地球の幾何図形的な立体の力がもともとの自然な基準だとすると、水晶を通じてつながる気のグリッドは、本来のナチュラルなものに戻す道具として優れている面があると考えてもよいのです。この場合、人間から見て不自然に見えるものもあるかもしれません。

水晶を身近に置き毎日眺めること
ゆっくりと確実につながっていく

　クリスタルの本には、しばしば水晶崇拝の内容が書かれていて、時には、「人は信じられないが、水晶は裏切らない」ということまで書いてある本があります。そこまで極端に考える必要はないと思いますが、何億年もかけて精緻に固められてきたものに対して、やはり大きな意義はあるのです。

感覚が強すぎると、つまり目に見えるものだけにこだわると、人は孤立します。「第二の身体」のレベルのものを強めると、個体として孤立していない、多くの人を包み込む波のようなものの中に自分が含まれていることを認識します。それは鋭いエッジを持たないので、だんだんとストレスが緩和されていきます。ここから常に信号が流れ込んでくる状態になります。何かを感じたり見たりしないでも、継続的に接続されている状態が続くと、ゆっくりと人生の性質が変わるのだと思います。より積極的に加速するには、水晶透視などを使うとよいのですが、しかしゆっくりとでもよい場合には、水晶を毎日身近に置き、時々見るだけでよいのです。1日2回程度でもよいでしょう。

　このようにして馴染んでいくと、つながりも良くなります。取ってつけたような浄化をする必要がなくなってくることも多いでしょう。

　エーテル体は肉体と精神のつなぎ目ですが、つなぎ目という点で、境界領域ではその働きが感じられやすくなります。時間の中では、このつなぎ目は日の出・正午・日没・真夜中などです。

　一週間の中では、火曜日の夜と木曜日の夜もそのようなつなぎ目で、また、日曜日全体が一週間に空白の穴を空ける時期でもあります。こういう時に水晶を思い出すとよいでしょう。手に持って語りかけてみるのもよいでしょう。

III

水晶の効能
〜オーラの開発〜

1 オーラの調整と開発

水晶透視はオーラの身体で行うもの
実体である肉体には過度な期待を持たない

　人体のオーラというのは肉体の外側、数十センチのところを取り巻いています。私たちの意識のより上位の次元、七つの次元はすべてこのオーラに反映されますが、感覚的な領域にはこうした高次元領域との接点がはっきりとは作られていません。ですから、オーラが入り口の門と解釈されることになります。

　そこで西欧的な伝統の神秘学分野では、日常の生活と隠秘学的な生活をはっきりと使い分ける方法を使うところもたくさんあります。日常の暮らしではごく普通の人。そして隠秘学的な分野では、名前を変えて活動するというものです。肉体レベルでは、この世での可能性だけが開かれています。もう一つの身体では、死後も続くような永遠に等しいスパンの活動があります。

　この場合、エーテル体の身体は、肉体とは違う形をしていることも多いので、エーテル体の身体にふさわしい名前を作るわけです。作家のペンネームにしても、それはやはりドリームボディの名前だとみなしてもよいでしょう。

　感覚はあくまで、この時間・空間に接触するためのセンサーだとみなすとよいのです。私たちはここにいるのではなく、この世界に接続しているだけだと考えた方がよいでしょう。いつの間にか、私たち自身がこの時間・空間の中に住んでいるかのように思うようになりましたが、そう思ってし

まうと本来の源流から切り離されます。これは感覚に深く同一化した結果です。むしろ、この肉体という個体よりも大きな範囲のところに自分がいて、釣り糸を垂らすように、この時間・空間にセンサーを向けていると考えると、より矛盾は少なくなります。これに慣れてくると、二重的な生存感覚になるという人もいます。

　より上位の次元に接点を持つためには、オーラとしての気である「第二の身体」の方に渡りをつける必要があります。それが階段の入り口です。肉体は階段の入り口になっていません。そしてそのオーラの身体の方が、実体である肉体よりも寿命の長いものであると考えるとよいのです。水晶透視に関係したことはみな、このオーラ上で行い、なおかつ感覚的な領域、つまり肉体の世界では、むしろ過分なことを期待せず、普通に暮らすとよいのではないでしょうか。

　実際、感覚の世界では驚くような神秘的なことは何一つ起きないし、それは機械のようなものであると考えてもよいのです。そしていくらがんばっても、耐久度も能力も大きな制限があり、それを乗り越えることは難しいのですが、しかしそもそも感覚はそのような能力を拡張することに適していないのです。センサーである以上は、他の人と大きく違うものになってしまうと困るし、ある程度平凡な方が何かと有利です。

オーラへと知覚意識を戻すと違うルールが働くこととなる

　感覚の領域で生きる、つまりごく普通に合意的現実の中で、3次元的に生きているというのはメリットもあります。感覚の世界は人の知覚を狭い範囲に閉じ込めます。つまり物質的な世界では、人と人は果てしなく孤

立し、以心伝心しません。影響は他にダイレクトにつながることはありません。聞いてみないことには相手が何を考えているか、さっぱりわからないのです。聞いてみても考えや言葉が違う面もあり、内容を誤解もします。このようなところでは、異質な人々が密集して生きることが可能です。そんなに直接影響が伝わらないのならば、少しばかり違和感があっても我慢できます。

しかし「第二の身体」を土台にした、より上の次元の領域では、このように意志や感情がどこにも伝わらず、身体の中に閉じ込められているような生き方は存在しませんから、異質なものが身近にあるということは、致命的な問題になりかねないのです。

そのため、感覚的な生活というのは、本質的な生命力を極端に弱め、狭い衣（私はよく「鉄仮面」と評します）に閉じ込めることで、さほど被害を受けずに、自分とは異質な世界に近づき、覗いていくというチャンスを手に入れたことになります。新しい、これまでの自分とは異質な体験をするために、私たちは感覚のスーツに守られて、深海に臨んでいるとでもいえばよいのでしょうか。隣の人と距離の近い都会だと、防衛心はますます高まります。それでも生きていけます。

肉体感覚からオーラの方に知覚意識を戻してしまうのは、生命の源流回帰で、肉体感覚とは違うルールが働きますから、そのルールを体得するまではとまどうことにもなりやすいでしょう。これまで受け取ることのなかった種々の情報や刺激がどんどん流入してきます。何か足場のなくなる体験もします。しかし、泳ぐことに慣れてきたら、新しい安定の場を作ることが可能になります。過渡期にはとまどう体験も多数するでしょう。

2 チャクラの調整と発達

「第二の身体」に移動することは チャクラを肉体から解き放すこと

　水晶を使ってオーラを調整するという方法は比較的よく知られています。そこで、まずは基本となるチャクラについて説明します。

　人体にはチャクラがあるといわれています。これは七つの中枢のことを表していて、宇宙法則は七つの単位で働くといわれていますから、チャクラは人体の中にある、その法則のコピーです。

　瞑想で「チャクラを目覚めさせる」という言い方をしますが、チャクラが目覚めるとは、チャクラの働きが肉体から解き放たれ、「第二の身体」の方に重点が移動することを意味します。

　肉体は感覚の制限があり、この身体の中でチャクラが働くというのは、肉体感覚の働く範囲の中で働くことを意味しています。感覚は、例えば、聴覚一つ取っても 20Hz から 20kHz 程度しか聴けません。これらの範囲の中で、聴き取るチャクラが働いても、それは普通のことで、それ以上に何かあるわけではありません。この感覚の範囲で働くチャクラは、本来の資質を発揮しているわけではなく、肉体という範囲の中で働く要素に対して、七つの分類をしているにすぎないということです。

　チャクラが覚醒すると、種々の能力が開くといいますが、感覚の中に埋め込まれたチャクラにそのような働きはないことはいうまでもありません。私たちが感覚に閉じ込められたところで考え、生きている間は、私たちがこのチャクラを監視し、肉体の感覚の中に閉じ込めています。

このような肉体の、つまり「土に埋もれた」チャクラを「第二の身体」の方にシフトさせることで、それはもともとの性質を取り戻すようになり、肉体とチャクラの立場の逆転が起きます。例えば、視覚としての働きを持つ目は、建物の裏を見ることはできません。また自分の背後にあるものを振り返ることなく見ることもできません。

　目に関係したチャクラはアジナチャクラですが、これが肉体の範囲の中に埋もれているところから、「第二の身体」の方に戻ると、アジナチャクラが示す第三の眼は、建物の裏などを見ることになります。

チャクラを陰陽に分割すると カバラの生命の樹となる

　チャクラの目覚めとは、感覚の持つ緊張感や感覚への依存、すなわちこの目に見える世界に対する期待感や指向性から自由になることを表します。開発するのでなく、反対にこだわりを捨てることで元に戻り、機能するようになると考えるとよいのです。水晶を使って、各々のチャクラを「第二の身体」の領域におびき出すというイメージで考えてみるとよいでしょう。

　このチャクラのいくつかを陰陽に分割すると、カバラの生命の樹になります。生命の樹は、ユダヤ的密教の宇宙法則図です。チャクラと生命の樹は似たようなものなのです。（68頁の図を参照）

　スーザン・シュムスキーは『魂の保護バリア　オーラ・ヒーリング―自分のエネルギー・フィールドを清め、強化しよう』（小林淳子訳、徳間書店）の中で、人が寝ていると、その人のベッドに「ベッドパターン」といわれる型が残ることを説明しています。これは「第二の身体」のエネルギーの流れが刻印されることを表していて、シュムスキーは生命の樹とそっくり

だと述べています。

　長方形の範囲の中に、胸を中心にして、八つの方向のラインが出来上がります。チャクラは空間的には、生命の樹のようなエネルギーの拡大をしていきます。チャクラを根にして、そこからあたかも生命の樹のような広がりが生まれると考えてもよいでしょう。

　バトラーはインドのヨガと西欧の隠秘学を比較して、チャクラは内分泌腺とエーテル体に関係したところから始まり、生命の樹の場合には、エーテル体の外郭から、オーラに広がっている領域を表すと考えたようです。

3 5元素と二つのコントロールセンター

タットワに松果線と脳下垂体を加えた七つでチャクラが構成される

比較的シンプルなチャクラの発想としては、下から積み上げられる五つのタットワと、残りの松果腺と脳下垂体を加えた七つで考えることです。

松果腺と脳下垂体は五つの元素をコントロールする器官としてみなすことです。ここではコントロールというのは三角形の法則が成り立ちますから、松果腺（サハスララチャクラ）、脳下垂体（アジナチャクラ）、喉（ビシュダチャクラ）のアカーシャのタットワという三つで、上位の三角形の法則が成り立つと考えてもよいのです。

タットワとは、ヒンドゥー教や仏教などでの世界の構成元素である五大の異名です。具体的に描かれる図形は以下のようなものです。

「空」＝「アカーシャ（Akasha）」＝ 紫色または藍色の楕円形

「水」＝「アパス（Apas）」＝ 銀色の三日月

「風」＝「ヴァーユ（Vayu）」＝ 青色の丸

「火」＝「テジャス（Tejas）」＝ 赤色の三角形

「地」＝「プリティヴィ（Prithvi）」＝ 黄色の四角形

五つのタットワというのは、地球に循環している自然界のエレメンタルの力であり、人の意識がここに貫入して地球が持つ五つの元素に染まって人が成立していると考えるとよいのです。上に頭が浮いていて、温泉に浸かるように、首から下は５色の層を成す海に浸っているとイメージしてみてください。

　タロットカードの世界のカードは、真ん中に立つ人物がアカーシャであり、周囲の四つの獣が残りの四つの元素である風・火・水・土として描かれています。

　ここでのテーマは、

1　水晶透視でそれぞれのタットワを見て、その世界に通じていく。そして自分のチャクラと連動していることを理解する。タットワに翻弄されるのでなく、その使い方に通じていく。タットワを吸い込む。

2　チャクラの場所で水晶を置くか、あるいは回転させ、それを通じてチャクラを活性化させる。

などがあります。間接的なものは西欧的で、直接的なものは東洋的と考えてもよいでしょう。

　間接的なものはイメージやシンボルなどを扱うことであり、直接的なものとは、水晶を使って、身体の周囲数センチの領域のエーテル体にダイレクトに働きかけることです。

五つのタットワが基礎となり世界のあらゆるものが作られる

　水晶透視は、この五つのタットワを覗くことで成り立ちます。ちょうど5色の絵の具があり、それらを総合的に駆使することで映像が成り立つのです。そのため、自分の中でどれかが未発達だったり、一部をブロックしたり、歪曲したりすると、情報は歪みます。

　世界のどんなものもこの五つのタットワを素材にして作られていると考えて、五つのタットワに均等に慣れると、映像を見る時にも正確さが加わるのです。5原色のパレットを手に入れたと考えてみるとよいでしょう。

　北出幸男の『パワーの神秘 ― 宝石伝説（3）』（青弓社）に、五つの元素とチャクラの対応やどのパワーストーンが関連しているかなどが説明されています。チャクラの色に関しては、西欧的な見解では、虹の7色と対応させる考えがあります。それは音階や色彩とチャクラは同一の法則で成り立つと考えるからです。

　しかし、これは単純すぎるところがあり、実際には北出幸男のいうように、五つのタットワの色彩と下の五つのチャクラを対応させた方が正確なのではないでしょうか。

　例えば、虹の色では一番下に赤色があります。そして黄色はそこから数えて3番目です。しかしタットワ対応の色彩では、一番下のムラダーラチャクラが黄色であり、3番目のマニプラチャクラは赤色ですから、ちょうどひっくり返したような対応になるわけです。

　チャクラそれぞれの説明は次頁の通りです。

Mooladhara
ムラダーラチャクラ

　尾骨。4枚の真紅の蓮の華。花心には黄色い四角形。これが地の元素の領域で、7本の鼻の象、ガネーシャ、女神ダキニが住んでいるといいます。その中心に逆三角形のカーマルーパがあり、中にスワヤンブーリンガ、つまり独存のリンガがあると書かれています。このリンガを三巻半して蛇の形をした大地の女神クンダリニが眠っている。このクンダリニはリンガの頂にあるスシュムナナディの入り口を塞いでいるというのが北出幸男の解説です。物質的・肉体的な生存の基盤で、これを土台にして建物が建つようにチャクラが並びます。

　ブレンダ・デーヴィスの『チャクラ＆パワーストーンの癒し —あなたのオーラを輝かす』（三木直子訳、徳間書店）では、「よく発達し、健康な状態のルート・チャクラは、ルビーのエネルギーと同じ波長で回転しながら、赤い漏斗のような形で地面に伸びています」と書いてあります。ムラダーラチャクラは、ルートチャクラともいい、赤い漏斗のような形で地面に伸びていると書いているように、それは地球の所有物であると考えてもよいのです。また地面よりも、地球のコアにまで達するような力線が潜在しています。

Swadhisthana

スワディスタナチャクラ

　性器の位置。北出幸男の見解とは違うものになりますが、ここでのシンボルは水で、銀色の三日月です。情念とか情愛などにも関係します。クンダリニはもともとはここに住んでいたが、尾骨に移動したのだといいます。6弁の朱色の蓮の華。中心に、新月の形の三日月。ここにワニに似た霊獣マカラが住んでいるといいます。マカラはカルマの象徴です。「カルマの貯蔵は水の元素の機能であり、カルマは怪獣めいた存在マカラに象徴されてきた」と書かれています。水晶を使って、このヴァーユという元素、またこのチャクラを見ることで、そこに関連性の川のようなものを見ることができます。それは形がなくなったり、また形を形成したりする原初状態を表現していると考えられます。そこに、やはりマカラに似ていると思うのですが、動物を見ることも多くなります。

　水晶は中国では凍った水といわれ、このスワディスタナチャクラに一番縁のある石だと考えてもよいでしょう。そのため、刺激するのに球型の水晶は好適です。

　シュムスキーの『オーラ・ヒーリング』では、「スヴァディシュターナは、自分自身を意味します。このチャクラは生殖によって個人が肉体を持って生まれるところだからです」と書いてあります。人間は男女に二極化されますが、これはスワディスタナチャクラの領域の話で、ムラダーラチャクラは単独性が高く、他のことに無関心です。北出幸男は、ムラダーラチャクラを活性化すると自分の身体的な存在性そのものが快感になると説明していますが、これは男女的な交流を意味するスワディスタナチャクラと

は違うものです。

　スワディスタナチャクラには動物が棲んでいるといわれていますが、下丹田の火の動物に比較すると、これは水の動物です。この動物は集団的な表象なので、これをそのまま見る人は、集団意識を直接見ています。しかしここに個性的な個人無意識が関与すると、動物の形はそれなりに変化するでしょう。水の動物であることには違いないのですが、しかしイルカやクジラなども、みなこの領域に属するのです。魚も含まれます。日本の金比羅山のワニももともとはインドから来たもので、スワディスタナチャクラに属する動物であることに違いはありません。この動物に働きかけるというイメージも有効です。

マニプラチャクラ

　臍の下の下丹田、あるいは太陽神経叢。ネズミ色の 10 枚の花弁の蓮の華。中に赤い三角形。牡羊が住んでいるといわれています。行動力や攻撃力、実際的な展開力。人生の実際的な可能性を広げることです。横になって下丹田の位置に石を置き、呼吸とともにイメージで宝石の波動が下丹田に深く入り込んでいくことを思い浮かべると効果的ですが、この方法はどのチャクラでも有効です。マニプラチャクラは腹芸の力でもあり、社会の中での生存競争に打ち勝つことができます。

　火の場所でスワディスタナチャクラの水の場所と対比しますから、スワディスタナチャクラに飲み込まれすぎる人は、マニプラチャクラが弱体化

している人です。

　活性化する薬として、マニプラチャクラは牛の胆石である牛黄。スワディスタナチャクラの治療には鹿の角の粉末などがあります。

アナハタチャクラ

　胸の中央。魂の住処といわれていて、アートマンの住居といわれています。私は中学生の時に貧血で倒れましたが、その時に自分がアーモンドの形になって、胸の中心に戻っていくのを見ていました。そこがもともとの自分の居場所だったのです。朱色の12枚の花弁を持つ蓮の華。この中に、六芒星に囲まれた風の元素の領域があり、これは北出説と違うかもしれませんが、青い丸を想定します。風の象徴であるのは黒いカモシカだそうです。下向きの三角形としてのシャクティは、その内側にシヴァリンガを抱いているそうです。その人の心理的な基盤であり、心の座、または包容力などを表します。理解力・共感力でもあります。

　宇宙のいかなる生命も、上から降りてくる力と下から上昇する力の交差点として生きています。上から降りてくるものと下から上がるものは、ここで出会いますが、シャクティを下向きの三角形、シヴァを上向きの三角形として描くことになります。北出幸男の説明では、ここは緑色が割り当てられていますが、それは大地の黄色と天空の青色の結合なのだそうです。下の三つのチャクラは何らかのパワーに関係していますが、このアナハタチャクラは上からと下からの結合点ということからしても、パワーの

概念が通じない領域と考えてもよいでしょう。そして上からと下からの結合点ということは、この上からのものと下からのものの、どちらかを評価できない人は、もちろんここが機能しにくくなります。

アナハタチャクラは２種類あるか、あるいは二重的なものと考えてもよい面があります。その場合、下は緑色で上は青色と分けてもよいでしょう。

ドランヴァロ・メルキゼデクは、これを外側のアナハタチャクラとその中にある小さなアナハタチャクラというふうに分けているようです。

ビシュダチャクラ

喉。灰色がかった紫色の16枚の花弁を持つ蓮の華。中に空の元素が住んでいる。そこで、この中にあるものを紺色あるいは紫色の楕円にしてみましょう。空を象徴する象がここに住んでいます。これは肉体的な意味では知性ですが、「第二の身体」的な意味では、人生を平均的に発展させ、意識が開かれ、説得する力も、また環境に自分の意図を埋め込む力などに関わります。全体的にものを見る力でもあります。ここでは偏ったものが最も問題になります。また言葉の力は、生殖的な能力に通じているとも考えられます。私たちは言葉を通じて世界に受胎させている。その力はこのビシュダチャクラから発信されています。

アジナチャクラ

　眉間。ここからは５元素には対応していません。２枚の花弁を持つ蓮の華。この中にリンガの形をしたシヴァ神が住み、シャクティとしての逆三角形がリンガを囲んでいる。ここは元素でいえば「識」の領域です。サハスララチャクラから降りてきたものがここで二分化されますから、表と裏の機能に二分されます。生命の樹の場合には陰陽化されていて、陰がビナーで陽がコクマーで、頂点のサハスララチャクラ＝ケテルとともに、造化三神を表します。ビナーは地上に向かい、コクマーは上の、ケテルの向こうの宇宙に行きたがります。

サハスララチャクラ

　頭頂。千枚の花弁を持ち、輝く白い蓮華。この蓮華は頭頂に茎があり、下向き。中心に白く輝く満月。その内側にさらに明るい三角形。この三角形はビンドゥを宿している。クンダリニはここを目指して上がってくるといいます。サハスララチャクラは生命の樹のケテルと同じで、それはより上位の次元とのつなぎです。ということは、ここを自力で開発できる人はどこにもいません。自分で開発できると思うと、逆に閉じ込められてしま

います。自分の側が半分、そして、より上位の次元に住む存在の協力が半分で成り立ちます。準備をして、ただ待つしかないということになるでしょう。しかしサハスララチャクラが刺激される時には、より上位の次元の存在がやってくることが、はっきりとわかります。そこに無意識でという理屈そのものが成り立ちません。

　私は何冊かの本に、死後のロバート・モンローがヘミシンクをしている人の頭を改造しに来ることをしつこく書きましたが、これも上位の次元の協力者ということです。しかし、これはもともと人間であったことなど一度もない存在が来る場合もあるでしょう。そしてこのような「人間ではなかった」という世界が存在することをまともに受け取ることも可能になるのが、このサハスララチャクラ領域です。すなわち身体よりも外にあるものを認識し、それにつながり、つまりは自分や人間以外のものを認識する境界線に来たのです。これよりも下の領域はみな身体内か、あるいは身体の周辺のオーラの中にあるもので、それは内的な体験領域です。しかしサハスララチャクラあるいはケテルは、外領域に接続します。

　クンダリニが腰にあり、そこから上昇してきた場合、このサハスララチャクラという蓋を越えてしまうと、外に飛び出すことになります。ムラダーラチャクラは、私たちの個体性そのものですから、この個体性が、宇宙的な普遍性に接続されることになり、無限の解放が得られることになります。上から来たものは最も小さなものに、最も小さなものは無限に交流した時に、宇宙創世の時の原初の二分、つまり陰陽化されたものの交流が起こるのですから、大きな折り返し点に来ることになります。

④ チャクラの活性化

各チャクラに水晶を当てることで
シンボリックな情報が得られる

　水晶をそれぞれのチャクラの近辺に当てて情報を得る、また埋め込む、活性化するということができます。このような時に、伝統的な花弁の形、またその中に住むシンボリックな動物などについても情報を得ることができます。伝統的にいわれている動物が出現した時には、それは集団無意識のリファレンスの部分を見てきたことになります。たいていは違う動物になることも多く、関連はしているが少し違うものとして登場することになるでしょう。

　サハスララチャクラとアジナチャクラは、松果腺と脳下垂体のセットなので、これらを通じて、水晶透視の映像を見ることになるのですが、しかし映像の素材そのものはムラダーラチャクラからビシュダチャクラまでの五つでできていますから、これらのどこかが不活発だと、映像情報もその投影を受けます。結局誰でも自分の構造しか見ることができない面があります。外部情報はこの七つのセンターに共鳴的に受信されていきます。

　どろどろしたカルマの世界ということを、どろどろしたカルマのように重く受け取るのは、その人のスワディスタナチャクラ（水のチャクラ）が重いのです。これはカルマというよりも、関連性の水の元素が働いているのだから当然のことなのですが、しかし関連性をより重く否定的に受け止める人はいます。

　仏教的な考えは、たいていこの関連性という原理を否定的なものとみな

す背景があります。すべてのものから解放されてニルヴァーナに向かうのが至上のものだとすると、関連性は足を引っ張る否定的なものです。砂漠で生まれた宗教は現世で生きることは苦しく、それはまるで罰のようにも見えるのです。これは古代の日本の思想からすると、不自然な考えでもあるといえます。日本の環境は良かったともいえるでしょう。

マニプラチャクラを肉体に収めている段階では力は拡大せずに視野も狭いまま

　マニプラチャクラは腹芸でもありますが、例えば政治・商売などでこの力を発揮するのは、感覚世界にもっぱらそのパワーを向けていることになります。もしここで、このマニプラチャクラが「第二の身体」領域へシフトすると、その影響は広範囲になります。

　なぜなら、「第二の身体」は感覚的な肉体ほどには範囲の狭いところに閉じ込められておらず、多くの人と共鳴しあってつながっているからです。この「第二の身体」に向かうマニプラチャクラは、感覚的・肉体的な領域への働きかけの意欲を犠牲にすることで成り立ちます。

　肉体の中に収まったマニプラチャクラは、現世的な面でしかパワーを発揮しませんが、肉体の中に収まっているということ自体が、マニプラチャクラの力が拡大しないことを示します。とても視野が狭いことになるからです。

　額のアジナチャクラと尾骨のムラダーラチャクラは直結しているという見解がありますが、生命の樹でいえば、ビナーというアジナチャクラに対応するものは、マルクトというムラダーラチャクラに対応するものの母体だといわれています。世界の分割が最終的に物質を作り出したということ

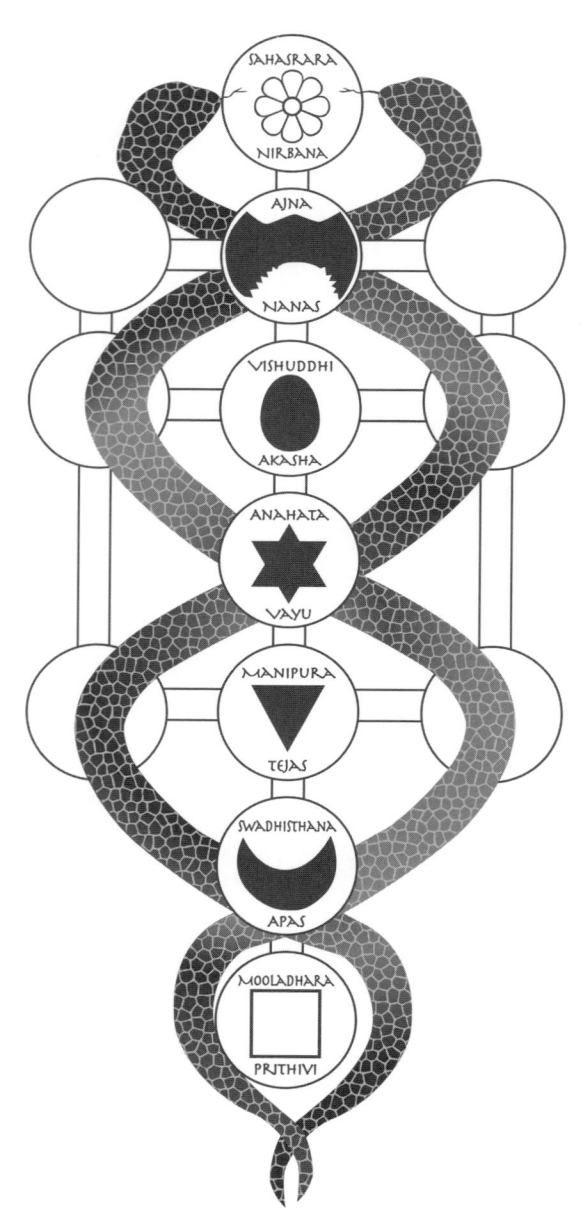

Israel Regardie "The Tree of Life" Llewellyn より

だからです。生命の樹はチャクラを陰陽分割したものなので、ビナーとコクマーはそれぞれアジナチャクラの陰陽化であり、ビナーは下に向かう陰の側のものです。

　七つのチャクラを点検したり、また改良したり刺激する場合には、ムラダーラチャクラから順番にするとよいでしょう。ただしチャクラは順番には発達しません。点検と開発は順番に行いますが、結果的に、均等に発達してくれないので、行きつ戻りつすることになると思います。

チャクラを活性化させるには中に入り、中から見ること

　チャクラあるいは生命の樹のセフィラなどは、人の心身の中に埋め込まれた宇宙法則の原理的な中枢ですが、ここに働きかけるためには、外から見るという姿勢ではなく、中に入る必要があります。

　中に入るというのは、自分と同化することです。自分で同化し、自分で思うという姿勢にならなくては働きかけることはできません。中に入り、この中から見る。初めはチャクラを見るのですが、その後、チャクラの中から見るのです。

　ここで自分はどのようにしたいのか、考え、望み、意志します。それが完了したら、ゆっくりと外に出て、その同化から自由になります。本来、人間はこのチャクラのすべての総和によって生きています。しかし現実としては、一つか二つ程度をよりどころにして生きているということがよくあります。両立が難しい場合もあるからですが、しかし、本来は全部が同時に働く総合のところに人間が立つのが理想です。私たちは５元素に浸透して自分を作っています。この世界は５元素の混合で形成されています。

例えば、対人関係とか金運をコントロールする力は、生命の樹ならば、左の腰のネツァク、チャクラでいえばマニプラチャクラです。そして縁はスワディスタナチャクラが引き寄せます。つまりスワディスタナチャクラで引き寄せ、マニプラチャクラでコントロールするということになります。

　水晶を左の腰に持っていきます。すると、水晶はそこの状況を受信します。それをメモしてください。印象でよいのです。左手で持って、左の腰あたりでゆっくりと動かすと、例えば、「明るい日の光の中で、果てしなく広がる草原。その草を使って作られたゴザの模様が、まるで古い寺院のように重厚な味わいを見せている」というふうに見えるとします。

　左は上の方に向かう陽の側のマニプラチャクラです。臍の前に持っていくと、真紅の鮮やかな赤色の三角形が出てきます。「この赤は、女性的で、濡れたような湿めり気がある」と感じる。これが中心的な陰陽に分けていないマニプラチャクラの特性です。これが今のあなたのマニプラチャクラの特性だと考えるとよいのです。

　喉のチャクラの前に持っていくと、「ジャングルジムのように緻密に張り巡らされた灰色の柱が作り出す都市のような空間」というものを見たりします。これは喉から広がるアカーシャのエーテルの構造物で、身体の周囲に正確な編み目が作られるのが理想です。それが都市のような、という表現に変わったのです。もちろん地球グリッドに共鳴すると、ますます理想的です。

　もしチャクラということに限定して考えるのならば、生命の樹のように左右に分割しないで、臍の前に水晶を置くのもよいでしょう。

　本書の72頁に掲載していますが、それぞれのチャクラ、あるいは生命の樹のチェックリストを書いて、全体のバランスを考えます。また改善したいことを考えて、メモしてください。

　この光景の中に自分が溶け込んでいくことを想像してください。西欧式

の場合、この象徴的なイメージの中に飛び込むことで、その中に入ることになります。パスワークもたいていイメージの旅ですが、これが西欧的な「間接的、象徴的参入」ということなのです。部位に入ると、それは今までの自分に比較して、一つ小さな自分です。しかしそれを自分自身とします。ここで自分の望みのイメージを思い描くのです。できるかぎりリアルにしつこくやることです。

　水晶を特定のチャクラ、生命の樹のセフィラに当ててから、この中に入り込んだと思うのがよいでしょう。そこで希望のことを思います。「この夕暮れを朝焼けにする」などです。それからいつもの自分に戻ってきます。その後は忘れるのがよいでしょう。

　操作の間、水晶は手に持って、自分の分身のように扱いましょう。それを通じて伝達し、それを通じて働きかけます。いつも持ち歩く携帯電話のように、それは「第二の身体」世界との通信のための携帯電話のようなものでもあるのです。

　それぞれのテーマは以下のようなものです。

サハスララチャクラ	目的意志
アジナチャクラ	想像力や可能性の拡張
ビシュダチャクラ	知性や理解、説得力
アナハタチャクラ	共感と愛、生きる世界の広さ、喜び
マニプラチャクラ	実際的な働きかけ、行動と実行力、押し
スワディスタナチャクラ	関係性、情、性、欲求
ムラダーラチャクラ	地上に自分の拠点を作る、自分自身であることの満足と快適さ

チェックリスト

状態	液状　　柔らかい　　少し固い　　非常に固い
温度	熱い　　温かい　　普通　　冷たい
明るさ	非常に明るい　　明るい　　やや明るい　　薄明　　暗い
見え方	リアル　　漠然
輪郭	シャープ　　ソフト
重さ	重い　　軽い
味	甘い　　辛い　　酸っぱい　　苦い　　それ以外の味
形	丸い　　四角形　　三角形　　それ以外の形
中心と外側の力関係	中が強い　　外が強い　　中空的
性質の比較	上下　　左右　　前後
水晶のどの回転・移動などの動きがフィットするか	右回転　　左回転　　前後　　上下　　斜め 文字のような複雑な描き方をして移動
備考	

5 持ち歩きブースターとして使う

身体の各部位は日本地図とも照応する
恐山は日本地図でも身体でも首に当たる

　適度なサイズの水晶球を手に入れて、傷がつかないように柔らかい袋に入れて持ち歩きましょう。水晶は「第二の身体」に直接働きかける力があります。人間の知性、感情、意識的な心は、この「第二の身体」の基礎のエーテル体に対しては働きかける力が弱いのです。そのため、水晶を通じて伝達する必要があるのです。

　身体の中枢はそれぞれ地図のようになっていて、どこかを刺激すると、それに関わる人生が拡張します。特定の土地にいるとこの水晶を通じて土地の力と交信しますが、これは身体の部位で、その土地に当たる場所を刺激します。

　日本地図を人体に見立てると、後ろの首に当たる場所に恐山がありますが、人体でも首の後ろは、異次元との接点です。恐山に行くとそのおおもとを刺激されたようになり、首の後ろが強まります。

　感覚の窓は、目や耳、鼻、身体を通じて情報の送受信をします。水晶は「第二の身体」の側での送受信に関わります。時々、この感覚と「第二の身体」の情報が違う場合があります。「第二の身体」では何か強い情報がある。しかし感覚の面では、どこをどう見ても、何も異変はない、というものです。

エーテルレベルでは時間による風化はない
水晶は地球グリッドに同調する

　私が住んでいる千駄ヶ谷には仙寿院トンネル（千駄ヶ谷トンネル）というものがあります。見た目はちょっと不気味ですが、感覚的にはそれだけです。しかし「第二の身体」領域では全く別の様相を示してきます。もともと墓場というのは、古来の日本においては異界との扉です。東京オリンピックの時に、いかに短距離で移動できるかということを目的にして、江戸時代の徳川家の墓がある仙寿院の土地の下に、強引にトンネルを開けてしまったのです。そこは土葬の歴史ある墓場だったのです。結果的に、エーテルレベルでは穴が開いている場所という意味になります。エーテルレベルで見ないで感覚のみで見た場合に、こういう強引で破壊的な工事をすることはよくあります。感覚レベルははかないので、時間が経過すると記憶は失われます。しかしエーテルレベルでは、時間による風化が少ないので、江戸時代のものなどもそのまま残留したり、過去の事件の記憶も残ります。

　このような場所では、水晶は活発な反応をするのは言うまでもありません。日本の稲荷神社はかなりのものが過去に墓地だった所に建てられています。リーディングをより効果的に強くしてみたい場合には、扉がある場所で水晶透視をしてみましょう。山や河原、墓、寺社などが過去においての次元の扉です。

　これは小さな水晶を持ち現場に行くと、違いがどうなのか、はっきりします。水晶は地球グリッドに同調しますから、基本的には歪んだものは受信しないという原則はあります。非結晶はこのプロテクトが効きません。

1　直接取り出して水晶透視をする。
2　取り出さずに水晶と同調する。そして入ってくる印象を考える。

　後者はまるで携帯用のWi-Fi装置のような使い方ですが、水晶は思い出すと急に回線が開くという性質を持っていますから、見なくても実用になることも多いのです。オーラも物質的なものではないので、身体の周囲をじっと見てオーラを観察するということをしなくてもどんなオーラかというのはわかるはずですし、私はたいてい本人を見ないままでオーラを見ます。

　また土地との交流という意味で、「パワースポットに水晶を持参するとより効果的になりますか？」という質問を受けたことがありますが、もちろん、水晶はブースターとして機能します。

　神社や磐座、パワースポット、ピラミッド山などに出かけて、そこで場所の特性を水晶透視で見てみましょう。また水晶を通じて力が導入されてくることを想像しましょう。「第二の身体」は想像力と連動します。

怒っていても、笑っていても継続しているものは自動化されてしまう

　科学的な姿勢というのは、受動的で決して自分では積極的に何も思わないようにして観察するということをいう場合もありますが、しかし実をいうと、自分では何も思わない無風状態の精神状態でいるというのは、誰にも不可能なことです。止まっているつもりでも、あるバイアスに走り続

けています。というのも、習慣化したものは、当人が何も思わないでもその力は自動化して働くからです。

　この自動化して働く作用も「第二の身体」が受け持っています。ある時に怒ったとしたら、それはその人にとっては特別な体験です。しかしいつも怒っている人は、それが自動化して、そのことを本人は意識できなくなります。すると、怒っている生き方ということをベースにして、この中で冷静な無風状態を保つというスタイルになるでしょう。この怒っていることの継続性が、その人のゼロポイント、中立的な生き方ということになるのです。

　いつも困り顔の人がいますが、その状態が、その人にとっては無風状態なのです。笑い顔の人も、継続した行為は自動化され、それがその人の中和的な無風状態となってしまっています。これらはみな本人はそのことを感じていないのです。しかし感じていないとしても、それは自動的に働いています。

　パワースポットは人生を好転させるために行くことが多いと思いますが、感覚的な目的を意識していると、「第二の身体」からすると萎縮に他なりません。

　しかし感覚の範囲ということを意識しないで、つまりは現世的な目的を意識しないでいると、「第二の身体」は十分に活性化します。そして結果的にそれは感覚的な領域に対しても大きな力を充填します。感覚の方が「第二の身体」に働きかけることはできず、「第二の身体」の方から感覚に対しては強い力を発揮するのです。

　お金にこだわっている人は、お金を手に入れることができず、それにこだわっていない人はたくさん入るということでもあるでしょう。

　お金などは感覚的な領域にしか存在しない価値観です。この感覚的な欲求に縛られていると、決してそこを動かすことはできないのですが、もっ

と大きな範囲、つまり感覚的ではないところに拡大することができたら、そこから感覚的な領域に対して力を持つこともできるし、コントロールすることもできるというのは、アナハタチャクラ開発の原理でもあります。

ここでパワースポットの話に戻しますが、現世ご利益的な目的で行動する人は、そのご利益が得られず、それにこだわらない人はご利益が得られるという違いははっきりしているので、それによってパワースポットの効果はかなり違ってきます。

エーテル体は想像力と連動して働くということは、大きな意味を持ちます。懐疑精神を忘れずに批判的に対するという姿勢は、冷静な科学的態度かもしれませんが、エーテル体からすると、どんどん後退的で虚弱になるようにし向けているということになります。

古典科学のこの「無風状態での観察姿勢」はアイザック・ニュートンから始まったのかもしれません。ニュートンは母の感情を憎んでいたので、それを除去した宇宙を夢見たのです。世界は人の思念の介在しない冷たい機械というのは、現実離れした宇宙像という面があります。

エーテル体は想像力と連動しますから、水晶透視でも「自分は見えない」と言い続けると、自分をそのような状況に追い込んでいることを示します。言葉によって住む世界を日々選択しているのです。

⑥ 部屋の中の臍に置く

一つは上位でもう一つが下位となる
二つの扉が部屋の中に存在している

　部屋というのは、いつの間にかその人の小宇宙になっています。そのため、家具の配置などは、自分の気に入るようにしつこく試すべきです。

　部屋の中には、「第二の身体」領域への二つの扉があります。一つめは上位の次元への扉で、二つめは下の次元への扉です。オーラの身体は繭のようなもので、必然的に、上と下に口が開いています。これが部屋に投影され、部屋の特性と共鳴して、特定の場所に扉ができるのです。

　誰もがまず思うことは、下の扉はより下の次元に影響が流れていくものなので、それはトイレなのではなかろうかということです。人間、ほ乳動物、無脊椎動物、植物、鉱物、金属というふうに、人よりも下の次元が連鎖しているアリストテレス的な生命の階段で考えると、人の排泄物は植物から見ると天啓のようなもので、昔、畑で堆肥を使っていたのは、こういうことかもしれないと思われます。

　人間は太陽と地球の間の隙間を埋める触媒であるとすると、人が食して、排泄したものは地球には必要なものだということもあるのです。

　上の扉と下の扉は、タロットカードでいうと、愚者のカードと月のカードに当たります。それぞれ犬が吠えていますが、それはセキュリティの問題です。愚者はサハスララチャクラへ至る左のアジナチャクラの道。月のカードは、左のマニプラチャクラからムラダーラチャクラへの道です。

　この扉を探すのは、自分の直観でもよいでしょう。下の扉はトイレや流

し台の下などにもあるし、上の扉は天井に近いところにあるでしょう。幽体離脱して部屋を見ると、この扉は即座に見つかります。またダウジングロッドで探すという手もあります。

水晶を6方向に配置し真ん中に一つ置いたのが「七星陣」

　この扉に関連した所に水晶を置きます。これは「七星陣」というものでもよいでしょう。これはその部屋に縄文夢通信用の固定電話を置くようなものです。私は数十年前には、毎晩、天井から蜘蛛の糸のようなものが降りてきて、それがきらっと光ると眠りにつくということが習慣になっていました。こうしたことをすると夢の体験が連続してきます。

　北出幸男は、水晶を6方向に配置し、真ん中に一つ置いたものを七星陣として紹介しています。水晶の結晶を外部的に配置したもので、一つひとつの力が少し弱い水晶でも合わせると大きな力を発揮するという集団効果です。クラスターを模擬的に再現するという意味も出てきます。

　地球グリッドのことを考えてみましょう。これと共鳴するような、いわば小型の地球グリッド共鳴装置を作るのです。北を軸にして正三角形を作ります。その裏側の情報を引き出すのは反対側の正三角形ということです。

　しかし、地球グリッドとの関係を考えてみると、東西を頂点にしていくという考え方もあります。この七星陣は、一説では中国の皇帝が好んでいた配置であるということです。これらは北極星信仰に関係するかもしれません。権力は北を意味します。地球の集団的な圧力は子午線を通じて持ち込まれます。遠いところとの通信のようなもの、あるいは創造性の発揮、個人としての自由性を考えるならば、東西の軸を頂点にした方がよいで

しょう。人の魂は東から入ってきます。しかし、地上においての力の頂点は北です。

　この陣地を作るという点では、必ずしも六角形にする必要はないかもしれません。むしろ種々の応用的なパターンを考えてみましょう。この基本コンセプトは、地球グリッドとの共鳴ということです。

　三角形以外にも、プラトン立体から来た図形の構造をそのまま配置するということも考えられます。

三角形
基本的に創造的な力を刺激します。一辺を南北に合わせるか、東西に合わせるかの二つの考え方があります。発展と高揚感です。

五角形
環境の力を跳ね飛ばして、自分の自由性や遊び性、自己主張を強めます。外敵に対する免疫力が強化されます。

四角形
物質的に定着させる力です。生活をしっかりさせたい場合に適しています。もちろん土のタットワにも該当します。一辺を南北に合わせます。

六角形
これは七星陣のことです。レスポンス力が拡大しますから、地球グリッドの力を思い切り吸い込みます。呼吸作用が強いので、否定的なことを考えるとそれも拡大する性質があります。

ベッドの周囲に水晶を置くことで夢に働きかけ長期的な効果をもたらす

　私は20歳の頃にUFOに熱中しており、その頃には、金属のドーナツ状態のものを作りました。中に12個の螺旋型に曲げたワッシャの積層が配置されていて、1年くらいはそれを持っていました。

　金属は通電しますから、結果的に磁気の形も作ります。電源がなくても放置しておけば、ごく微弱に電気や磁気は流れ込んできます。しかしこれを水晶や他のパワーストーンにした場合には、この磁気・電気よりも一つ上の次元のエーテル物質、動物磁気、低次アストラル物質を集めることになりますから、この焦点を12個並べてドーナツ型を作るなどということも、その形としての影響がはっきりと表れることになります。その配置を樹脂で固めてもよいでしょう。それは動物磁気で作られた文字と考えてもよいのです。

　私たちは町を歩いて、看板を見つけると、興味のあるところに入ります。同じく、動物磁気や気のレベルで、文字があるとそれに縁のあるものが近づいてくると考えてみましょう。

　これらの特定の形の配置のストーンは発振装置です。毎日置いておくと、「第二の身体」レベルでその型が出来上がり、生活の中に、その型が組み込まれます。数ヶ月くらいずっと置いておくことで効果はわかるでしょう。一週間程度では何一つわからないことも多いはずです。しかし半年とか1年くらい置いておけば、影響は決定的です。

　またベッドパターンは、もともとベッドに刻まれた生命の樹です。何らかの異常がある場合には、このベッドパターンに乱れが発生します。反対に、水晶をこのベッドパターンに配置しておくと、矯正効果や開発効果が

あります。真上、右上、左上、右横、左横、右下、左下、真下。この８個が必要になってきます。

　ベッドの周囲にそれぞれ小さな台を設置して、そこに水晶を置いてみるとよいでしょう。身体の上のチャクラに置く場合と、このようにベッドの周囲に置く場合では、目的が少し違います。身体の上に置くものは直接エーテル体に働きかけます。しかしベッドの外では、エーテル体の外側にあるオーラに働きかけます。前者は基礎的な健康などに働きかけ、後者は感情や精神、夢、心理などに働きかけます。長期的に続けると、それは完全な通信装置になり、夢とかまた日々の生活の中での意識の連続性と成長に関わるようになってきます。非常に大きな影響力があることを知ることになるでしょう。

磁石を使った強制的な手段は
水晶の受信能力が失われてしまう

　私の20代初めの頃の体験を紹介します。私はその頃は、まだ神経質で虚弱な体質が残っていた時期です。タロット占いをしていたのですが、このタロットをしている状態というのは「第二の身体」の波風には極端に敏感で、調子が良い時と悪い時の振り幅がひたすら大きかったのです。

　ある日、保谷クリスタルのペン立てを買いました。これは5000円弱で天然水晶ではありません。横に広いぼたもちのような形に、ペン立ての穴が空いているというものです。これに、スピーカーを分解したやや大きな磁石を貼りつけました。するととたんに、腹の中にうずくような波というか刺激が始まりました。このセットを置いておくと、外出した先でも、思い出した瞬間に内臓に刺激が来ます。それは初めは気持ち良いのですが、

次第に痛みに変わります。それに、のぼせたようになって顔が紅潮します。ただ、これは滝のように強いエーテル流を作り出すようで、私の神経の細い部分を強引に通過していくような影響があり、それなりに治療効果があったのです。

　欠陥としては、水晶の受信能力がほとんど台無しにされることです。ただひたすら一方的に流し込むための装置として使われるために、水晶の敏感な送受信能力は犠牲にされます。ですから、長期的には使わない方がよいでしょう。

　今になって思うと、このぼたもちのような重心の低い形が良かったのだといえます。それを再現する石を以後一度も見つけたことがないのです。

　朝倉三心の本では、師匠のフランス人女性も水晶透視をするようになってから、健康になったといっていることが書かれています。これは「第二の身体」が図太くなるからです。すると私たちの意識は感覚に占有される率が緩和され、生命のバランスの良い使い方が活性化されます。これは映像を見なくても水晶に触れていることで得られる効果です。

　持っていると、次第にこの水晶が持ち込んでくる川の中にずっと浸っているような状態というのがわかるでしょう。恒常化したものはその人から見ると無風状態・ゼロ状態になります。そうなると、その人は特に何も感じないと思うのです。それは安定して身についたと考えてもよいことになります。

7 身体にストーンサークルを作る

人間の構造はそのまま宇宙の構造となり
雛形を用いることで身体上にグリッドを作る

　ストーンサークルとは複数の水晶のレイアウトを身体の上、あるいは身体の周囲に配置することで、エーテル流を形成するという方法です。『クリスタル・エンライトンメント』（レナード典子訳、和尚エンタープライズジャパン）のカトリーナ・ラファエルと、『クリスタル・ジャーニー』（澤西康史訳、和尚エンタープライズジャパン）のジェーンアン・ドウは、この方法を共に開発してきたようです。ベッドパターンとは違うものです。

　そもそも大地には地球グリッドが通っています。エネルギーの交点には、ピラミッドや磐座、神殿、神社などがあります。そこは重要な送受信センターになっています。人間はこの構造の縮図です。人間がそのまま地球の雛形になった時には、その人は非常に健康に健全になります。銀河、太陽系、地球、大陸、国、県、地域、人というふうに型が連鎖すると、大から小に力が流れ込むのです。流れ込むためには、それぞれが同じ雛形になる必要があります。

　人体の周りに水晶で幾何図形的なグリッドを作り出すことは、一時的に、このグリッドの走る地球の模型を作り出すことを意味しています。そのグリッドを作られる当人は、意識がエーテル体にシフトしておく必要があります。そうすれば、はっきりとどのように力が通っているかがわかるでしょう。そのためリラックスしてゆったりした呼吸をしましょう。

　特定のチャクラの上にストーンサークルを作り出すのは興味深いことで

す。チャクラはもともとエーテル体上で機能しますから、このストーンサークルには強く反応します。

　その人はまたいつものスタイルに戻るので、この地球グリッド模型の効果は薄れますが、しかしそのパターンを記憶すると、当人はそれを活用するようになります。定着させるには繰り返すとよいのです。

基本の構造は円環構造
弁の数に応じて水晶を配置する

　複数の宝石で作られたサークルを樹脂などで固めて、いつでもすぐに置けるようにしておくと、それは調整装置になり、毎日眠る前にそれを使うということも可能です。樹脂でなくても、布に縫い込むという手もあります。部屋に置くためのものだけでなく、工作の好きな人なら、小さなサイズで身体のチャクラの上に置くというものを作ってみるのもよいでしょう。

　身体の上に置く場合には横たわります。基本的には円環構造を作り、この円環を特定の数の幾何図形にすることです。

　額の上は２枚の花弁なので、水晶は二つ置きます。グルジェフの生きとし生きるものの図表を考えてみると、周辺に水晶の高自我の振動が取り巻くと、真ん中には、それよりも一つ上の振動が宿ることになりますから、真ん中に水晶を置く必要はないでしょう。置いてしまうと、真ん中にも同じ振動が働くことになるからです。真ん中は中空にします。

　喉は置くことはできませんが、バンドを作るとしたら16弁です。アナハタチャクラは12弁。マニプラチャクラは10弁。スワディスタナチャクラは６弁。ムラダーラチャクラは４弁です。この弁の数ほど、水晶を置く

とよいでしょう。

　また、一つの生命体は、より上位の世界、より下位の世界とのつなぎで、長い竹の節の一つが人であるとみなします。そのため、頭の上と足の下に、少し大きめの水晶を置いて、上と下の間をまっすぐに気の流れが走るように考えるとよいでしょう。上と下に置くと、脊髄あたりを貫通する流れを強く感じることもできるでしょう。

　生命の樹の発想でも、ケテルという頭上とマルクトという足下の間に、首、胸、腹、腰などの中継地点を置いて力を通していく儀式訓練などがありますが、こうした回路を水晶で作るのは、長期的に見ると便利です。

　私が20代に毎晩体験していた天井から光る糸が降りてくる光景は、ミルチャ・エリアーデの本では、シャーマンを許可する印として出現するという説があるそうです。

　この糸は、部屋に置かれたジェネレーターをめがけて降りてきました。それを見ると私の鎖骨が鳴ったような音がして、肩が一瞬緊張して、そして急速に眠りに引き込まれたのですが、水晶はこれらのエーテル体を通じてのみ接続される高次の領域との回路を開く道具としてとても便利なものです。

8 水晶ダンスとアファメーション

水晶ダンスは肉体にではなく 「第二の身体」であるオーラに働きかける

　水晶を手に持ち、身体のオーラを活性化する方法を考えたいと思います。
　鉱物の超意識領域（高自我）は動物磁気の振動レベルと同一です。これは言い方を変えると、あらゆる鉱物はそのエッセンスに龍が住んでいるというたとえで考えてもよいのです。
　水晶は肉体には働きかけないので、医学の代わりにすることはとうてい考えられないのですが、「第二の身体」には働きかけるということなのです。風邪を治すのにパワーストーンを使うというのは筋違いですが、しかしオーラに対してということならば、はっきりと効果があると考えてもよいのではないでしょうか。そしてオーラは「第二の身体」であり、その上に感情や知性が乗っている乗り物であると考えると、少なくとも、身体以外のところではあらゆる面に波及するのです。人間個人が最も正常なバランスを持つというのは、銀河、太陽系、地球、大陸、国、地域などの各々のサイズのコスモスが構造的に共鳴し、この縮図として、人間の個体が正しい位置を持つことです。極大のサイズのものも、またさまざまなレベルのものが同期を取り、個人に重なってくることになります。すると個人はどこにも行かなくても、全宇宙をいながらにして受け取ることになるのです。
　静的なものもあれば動的なものもあります。踊る宗教は、地球グリッド、レイラインの力を取り入れるための動作です。静的なものに比較して、強調効果があります。生命の樹で試みてみましょう。

① 頭頂、10cm上に両手で水晶を持ちながら上下させます。

「私は地上に生まれた目的を忘れず、より上の次元と連携しています。彼らの胸と私の頭は共鳴し、彼らの心は私の知恵です」

↓

② 水晶を左手に持ち、耳の左側20cmくらいの場所で回転させます。どの方向に回転させるとよいか模索してください。

「夢の中で元の場所と通じ、話し合い、いかなるものともつながることができます」

↓

③ 水晶を右手に持ち替えます。前方で8の字を描くように移動させます。耳の右側20cmくらいの場所で回転させます。どの方向に回転させるとよいか模索してください。この時、身体全体で少しずつ右に移動してもよいでしょう。

「私の夢の形を地上に打ち立てます。私は家を造り、そこに私の可能性のすべてを盛り込みます」

↓

④ 水晶を左手に持ち替え、左肩から20cm左に離したところで回転させます。これも、回転方向は自分で模索してください。横回転でもよく、また大きく回してもよいでしょう。

「私を助ける多くの人たちがいます。同時に私は多くの人たちに協力します。私の活動は広がります。私は私に一番ふさわしい場所にいるのです」

⑤ 水晶を右手に持ち替えます。前方で8の字を描くように移動させます。右肩から20㎝右に離したところで回転させます。どの方向に回転させるとよいか模索してください。この時、身体全体で右に少しずつ移動してもよいでしょう。

「私の意図はとてもはっきりしています。何をしたいかいつも忘れず、それを実践する機会を伺っています。チャンスがあれば決して逃しません」

⑥ 水晶を両手で持ち、胸の前に持ってきてください。前後左右に揺すってください。

「あらゆるものが結びついた中心点に私がいます。どんなものも、私のところに入ってきます。そしてどんなものにも私は思いを届けます。果てしなく広がり、明るいところに私がいます。まばゆく輝いています」

⑦ 水晶を左手に持ち替えます。臍の高さで、身体の左横20㎝のところに持っていってください。左足を踏み出します。その後少し前に移動してもよいでしょう。

「生きることはとても楽しく、期待に満ちています。まだ知らないことがたくさんあります。私は前進します」

⑧ 水晶を右手に持ち替えます。臍の高さで、身体の右横20cmのところに持っていってください。右足を踏み出します。その後少し後ろに移動してもよいでしょう。

「私は常に学習しています。しかし私は私のこれまでの行為にこだわりません。建物は常に作り直す気概があります。私の家ははっきりした形を持っています。それは重くはないのですが、固いのです」

⑨ 水晶を両手で持ってください。性器の前に持っていってください。そこで回転させてくだい。

「古い時代から今日まで。そして未来まで私は続いています。私はどんなことも忘れていません。私は時間と空間を乗り越えて、生きています」

⑩ 水晶を両手に持ったまま、両手を前方に伸ばして大地を示してください。両手で水晶を包み込んだ状態で、両方の人差し指で地上を指します。

「地球の中心の力を借りて、私は体を手に入れています。この中に、私のすべての可能性が込められています。私は見えない存在です。でも、見える世界の中に、私は映し絵を持っています。この人生はとても楽しいのです」

基本としてはこの順番で動作し、その後それぞれのアファメーションなしで、運動のみを繰り返すのも効果的です。しかしスタート時は常にアファメーションがある方がよいのです。これは繰り返していると、「第二の身体」に刻印されます。

　また運動している最中に、どこかのセフィロトあるいはチャクラで反応があります。何かそこが違和感があるとか反応がある場合にはメモし、またその原因を考えてみるとよいでしょう。それぞれの中枢で水晶を回転させる時間は３分程度です。特定のどれかを強調するのではなく、全体としてのバランスが大切です。何か音楽をかけて、激しくしてみてもよいでしょう。

- 頭の上の位置から、耳の左と右に三角形ができる。
- 肩の左右と胸の真ん中で、逆三角形ができる。
- 臍の左右と真ん中の性器の場所で、逆三角ができる。

　この三つのグループの三角形を意識しましょう。すべては三角形の構図で組み合わされているので、それらを応用的に使うこともできるでしょう。

IV

透視の練習

1　水晶透視を始める際の心構え

人によって見え方はいろいろ
グリッドに接続できれば確信が持てる

　水晶透視はスクライイングともいわれます。スクライイングとは水晶を凝視して、この中に具体的に映像を見ることをいいます。この場合、人によって見えるような気がする、何となくイメージが思い浮かぶ、はっきりと見えるなどいろいろです。私ははっきりと肉眼で見えます。正確には肉眼という感覚で見ているわけではないので、「あたかも肉眼で見ている光景のようにくっきりと」見えていると言い換えた方がよいかもしれません。

　もし具体的に見えない場合でも、「第二の身体」を通じて地球グリッドに接続された時には、思い浮かぶイメージについては確信が出てきます。はっきりと手応えがあります。確信があれば実際に映像が出なくても、実用的には見えているのと同じことなのです。

　見える・見えないは、その人の体質とか考え方によります。考え方の影響は非常に大きいのです。現実に、肉眼で見るようにはっきりとイメージを見ることは可能です。そしてそれは、遠い過去や近い未来などの映像も含まれます。それができると、とても神秘的に感じますが、それは現実の話です。

　私は、クリスタルの本を何十冊も買ってみましたが、直接透視について書いている本はそんなに多くはありません。クラウディングという色を見る方法については説明してあることも多いようです。

　直接水晶で映像を見ることをしている人の本の代表は、朝倉三心の『水

晶球占いのすべて』です。練習方法についてはそんなにたくさん具体的に書いてありませんが、しかし興味深い内容が書かれていて、私はこの本がとても気に入っています。

実際の感覚器官を磨くのではなく微細身で印象を受け止める

　これまでも説明したように、水晶透視は感覚ではないエーテル体・気の身体で見ます。私たちは五感という感覚で物事を認識しており、これを「現実」と呼びます。リアルで現実的で、具体的なものというのは、見たり、触ったり、嗅いだりするもので認知することですから、「感覚的な世界」と呼びます。

　どんなものでも映像というものは視覚で感受する事象ですが、しかし実際の感覚器官としての視覚は、私たちがいつも見ている以上のものを見ることはありません。ですから、この感覚をいくら磨いても、水晶で映像を見るということに通じるものは何一つありません。この肉体感覚とは違う意識のセンサーとして、これまで説明してきた「第二の身体」やエーテル体、あるいは「微細身（みさいしん）」という言い方をするものがあります。

　実際にどのようなものかというと、水晶を見ていると白いもやのようなものが出てきます。このもやが見えてきた後に、具体的に映像が出てきます。白いもやは映像の受け皿で、これがエーテル物質です。水晶はこの振動密度の物質を集めやすいので、映像化には有利なのです。

　水晶を使って、未来や過去、今この場所から遠い所を見るには、このエーテル物質の上に映像を乗せるということをしないかぎり、その目的を果たすことはできません。エーテル物質は、物理学者デヴィッド・ボームのい

うような非局在的な素材を意味しており、それは「いま・ここ」という時空間に捕まえられることなく、遠い情報を運んでくることができるのです。そのため、エーテル体成分を使うのは、必要不可欠な条件で、それなしで映像を見ると、身体のストレスが生み出すファンタジーしか見ることはできないです。

　ホールは「リラックスして、クリスタルに注意を集中しましょう。無理にイメージを見ようとせず、自然に現れるままにしてください。目をじっと動かさないでいると、球の焦点がぼんやりしてきます。クリスタルの中で霧が発生したかのように、内側が曇って見えるかもしれません。目の焦点をゆるめたまま、クリスタルの中、あるいは心の目にシンボルや映像が現われるのを待ってください。霧が晴れたら、見えたものや感じられた印象を詳しく書きとめます。そうしたイメージの中には、眠りにつく前に見える像のように、無意味に思えるものもあります。けれども、忍耐をもって根気よく続ければ、きっと意味がわかるようになるでしょう」(『クリスタルを活かす』ジュデイ・ホール、産調出版）と説明しています。

　このように、もやの中で受け取る印象は、実際に映像がなくてもそれ自身が回答だということもあるので、人によっては無理に映像化しなくてもよいこともあるでしょう。

古代の日本では「お餅」が「第二の身体」をたとえていた

　肉体は人の形をしています。しかしオーラや微細身は釣り鐘型とか卵型などをしていて、知覚の境界線が違うのです。科学が物質の究極のものを発見した時、科学はこの高次の領域の土台になっている「第二の身体」、

微細身につながる方法論を見つけたことになります。

　それは３次元的には消失して、あたかも存在しなくなった物質を意味します。物質の先にあるものを解明したら、知識としては古代から多くの人がよく知ってはいたが、現代では、そこに物質に対する技術力が加わることになるので、古代の知恵をより具体的にしたことになります。

　私たちは３次元で生きている時、ジャン＝ポール・サルトルやエトムント・フッサールのいうように意識の射出によって明晰な知覚意識を保っています。このために地球は二極化された世界と考えることもできます。陰と陽に二極化されることで、反対側へと意識は射出され、ここで目覚めた意識が成立するのです。

　エーテル体は、３次元と４次元とのつなぎ目のようになっていて、３次元的には陰陽を一体化させたゼロ状態、つまり中和レベルになります。地球レベルが二極化した世界ならば、この二極化が解消されたものが４次元への扉になるのです。

　３次元的な明晰さは、二極化されたものの互いに反対に向かっての射出なので、中和レベルに入ると、この３次元的射出運動が止まります。シュタイナーはこれを「脳を凍結させる」といいましたが、明晰さを奪われると、すぐさま眠りへと引き込まれます。ぼうっとして心ここにあらずとなり、朦朧としてくるのです。その時は、今までの知性と意識のコントロールが不可能な状態に陥ります。何もかも忘れ、散り散り切れ切れのイメージの中に埋没することもあります。

　実は、３次元の明晰さを作り出す陰陽が一体化して、ゼロエネルギー状態になると、それは一つ上の４次元の陰の原理へと変わります。そして３次元の脳が眠ると、４次元の意識の射出が始まります。これは超越意識の活動のスタートです。

　これを図にすると次頁のようになります。

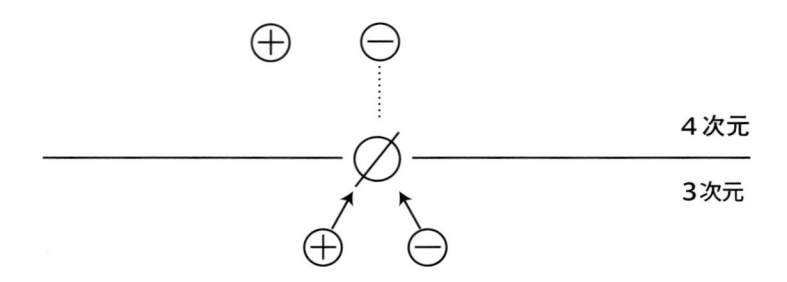

上の次元の陰陽の意識の射出は、3次元よりも広範囲で、3次元のレベルでの陰陽を突き抜けたものなので、情報は未来や過去、遠いものなどを見ることになります。つまり、3次元的障壁を素通りするのです。
　このためには、3次元的意識の射出を止める必要があります。考え事や気持ち、計画、欲求などさまざまなものが忙しく「内面の対話」としての射出活動をしています。眠りすれすれの低空飛行を保ち、なおかつ眠らないという状態をキープするというのは、この射出活動を緩和します。射出そのものによって目覚めるのですから、ぼうっとした状態というのは、動きが弱まっていることそのものです。
　水晶透視の練習は、眠りそうになり、また目覚めての繰り返しの中で行われます。特に眠りかけた後、目覚める時にはっきりと目覚めすぎないことです。その時、水晶に何か映像が見えることが多いのです。
　ただし、4次元的領域へとシフトした時に、あらためてその次元で意識的に活動できるか、つまり高次の自分の育成という課題はまた別のものです。あらためてそこにとどまる時間を増やして、この「第二の身体」の自分を育成する必要はあります。

2 呼吸方法とリラックス

睡眠こそが「第二の身体」の体験
眠ることで肉体から離れることができる

　このように「第二の身体」は感覚が働かなくなると、リアルに感じられるようになります。感覚と「第二の身体」の比率はあたかも反比例しています。感覚が強くなると「第二の身体」の知覚は希薄になり、感覚を使う率が減少すると「第二の身体」で受信する働きが強まります。

　これは身体が眠り意識が目覚めている時、例えば、金縛りとかヘミシンクで「フォーカス10」といわれている段階ではっきりと強まってきます。感覚が消えていくにつれてリアルになってくるという意味では、睡眠直前の時間にも、「第二の身体」を認識することがしやすくなります。というよりも、睡眠は「第二の身体」の体験です。そこに種々の印象が乗ってくるのです。

　私たちは睡眠の間、感覚的な器官の備わる肉体から離れて、「第二の身体」としての自分に変わります。そのような状態で目覚めた意識を働かせることに慣れていないために、眠り込んで意識を失っているのです。しかし「第二の身体」の上で働く印象に意識的になってくると、眠っていても意識がある状態が次第に増えてきます。これを「明晰夢」といいます。

　起きている時に「第二の身体」にシフトするのに最も簡単な方法は、1時間とか2時間、真っ暗な所にいることです。音もない方がよいでしょう。すると、だんだんと「第二の身体」の知覚が目覚めてきます。

　ほとんどエーテル体とか「第二の身体」の存在を考えたこともない人々

は、暗闇に放置され、全く何の印象も入ってこなくなるととまどいます。コリン・ウィルソンの話だと、まずはパニック状態になるそうです。しかし慣れてくるとそこにとどまることなく、今度は知覚意識のスイッチをもう一つ深いところに切り替えます。その段階で、エーテル体の実感が生まれてきます。

呼吸法とリラックスが古来からの方法
習熟すればこれだけで十分となる

　シュタイナーは、エーテル体が印象を受け止めることを霊的な知覚とみなしています。肉体感覚が印象を受け止めるのが通常の生活です。グルジェフのいうように、人間は３層で生きていますから、一番下の部分が肉体ではなく、それよりも少し振動密度の高い、エーテル体、低次アストラル体、幽界、竜宮界に近づくと、結果的に他の二つの層も底上げされるために、存在そのものが高度なものになっていきます。

　この「第二の身体」にシフトするのに、古来からの方法としては、呼吸法とリラックスがあります。ありふれた方法ですが、基本的にはこの二つしか必要がありません。

　まず、身体をリラックスさせましょう。これはただ漠然とリラックスするよりも、頭、額、両耳、頬、目、唇、後頭部、首、肩、腕、胸、背中、腹、腰、太もも、膝、足先までという具合に、順番に点検しながら、リラックスさせると、著しく効果的です。

　なぜなら、緊張していても、その緊張に気がつかない身体部位はたくさんあります。むしろ緊張しすぎている部分は、それを感覚では感じなくなっていることが多いので、発見できないこともあるのです。車を頻繁に運転

している人は、首と腰は不自然に圧迫をかけるでしょうから、そこが緊張しています。しかし毎日運転していると、そのことに気がつかなくなることも多いのです。このリラックスについて練習しましょう。手順を覚えていれば、いつでも再現できます。電車の中で立っている時でも可能です。夜眠る前でも可能です。

　次は呼吸法です。水晶を見る時、以下のような方法を試みてみましょう。

① 息を吸う時に、腰から背中を駆け上がって、プラナ（生命力・気）が上がってくることを想像します。それは頭の上にまで達して、そのまま上がっていきます。

② 息を吐く時に、後頭部の後ろから頭の真ん中、額、額の先の水晶まで、プラナがトンネルのようなものを通って、走り抜けることを想像します。

③ 吸う息の時に上がるものと吐く時に走り抜けるものは、頭の真ん中の松果腺で交流しています。この交流は胸の真ん中でも起きているのですが、イメージで頭の真ん中で交差していると思い浮かべても、同時に胸で交差します。

　この呼吸法を繰り返してください。だいたい20分、毎日繰り返すとよいでしょう。
　私はしばしば、この呼吸の変化を変性意識の中で見ていたことがあり

ますが、腰から背中を上がるエネルギーによって映像はリアルになり、映像が明確な時には、この腰から上がる活力を大量に消費していました。それに額から目の前には、まるでテレビのような比率のスクリーンがあって、そこに向かって映写機のように映像が投影されるのです。

　水晶透視をする場合、頭の中で映像を認識することに比較すると大量にエネルギーが必要です。それはエーテル物質という素材にくっきりと映像を焼きつける必要があるので、かなりのパワーが要求されるのです。

　呼吸法としては、このような方法が有効です。また腰から引き出されるパワーはそのまま映像の濃さになります。濃いほどにそれはより物質に近いものになり、薄いものほど脳内で見るイメージに近づきます。

　呼吸法はたくさんあります。ゲリー・ボーネルの本を読むと、アカシックリーディングの呼吸法として、片鼻呼吸が推薦されています。これも、数ヶ月継続すると、これだけでうまくいくようになる人も多いはずです。

　呼吸法だけですべてを管理するという流派もあります。これに近いものも現代にはあるようです。予想以上に呼吸は大切であることを覚えておいてください。

「第二の身体」を拡張する方法としては身体の全方位に矢印を描くこと

　究極のリラックスとしては、身体がどこにあるのか確認できなくなるところまで行くのがよいのですが、これはなかなか実現しにくいかもしれません。しかしコンディションが良ければそのような体験はできます。

　いつもは「第二の身体」は身体と同一化しているので、身体の至近距離にとどまっていますが、想像力で身体から外に拡張していくイメージを

作り出すと、そのまま「第二の身体」は身体の外に拡大します。

　ここでは身体の周囲に、全方位に矢印を思い描きます。矢印の先は外に向かいます。中には、これをタロットカードの絵柄のように、太陽から飛び出す金色の蛇のような形で思い描く人もいるでしょう。この矢印を外に出すイメージを作ることは、かなり便利です。

　例えば、初対面の人と話をする時、または集団にプレゼンする時、自分から矢印が出て、相手あるいは集団全体を包むくらいのサイズの輪を作り出すと想像するとよいのです。私たちは初対面の人や集団相手では知らず知らずのうちに萎縮しています。こういう時、矢印を拡張すると、それは「相手を受け入れている」という状況を作り出し、そこでコミュニケーションはうまく進むのです。

　矢印で自分のオーラを拡張するのは自我拡張ではありません。というのも、自分を広げると、たいてい外の障害物に当たります。そこでもう拡張はできなくなるのです。それでも矢印を外に広げるというのは、外の異物を受け入れ、それに抵抗をしない、浸透性を持つということを意思表示しています。つまりエゴの拡張ではなく、むしろ外にあるものを受け入れることなのです。

　もし、身体感覚と「第二の身体」の知覚を分離させて、別個に働かせることに慣れてきたら、実際には、走りながらでもこの拡張は可能です。ヘミシンクではこの拡張を「フォーカス12」と呼びますが、身体から少しでも「第二の身体」が逸脱し、外に拡張した段階で、知覚意識には超自然的なものが混じります。それは身体の外だからです。何度か試みた段階で、外に拡張するモードになれたら、それはすぐさま日常の状態とは違う意識を作り出すことに気がつくでしょう。

IV　透視の練習　2　呼吸方法とリラックス

3 額から飛び出すアーム

エジプトの壁絵にある蛇は第三の眼を表している

　水晶透視の場合には、現実には身体の外側の全方位に拡張する必要はありません。額から1本のアームが水晶に向かい、水晶の周りを取り囲むというものだけで十分です。アームの色や形は自由です。また水晶に向かうにつれて、少しずつ直径が太くなるような形を思い描いてください。

　エジプトの壁絵にあるような、額から蛇が出ているのは、この第三の眼の「第二の身体」です。感覚的な肉体のレベルでは、第三の眼も松果腺の超越的な作用も存在していません。医学は感覚の世界ですから、そこで見るかぎりは第三の眼も松果腺も何ら特殊な作用などありません。それはあまり役立たないような器官です。しかし感覚ではなく、次元が一つ上の「第二の身体」のレベルで見たら、それらは逆に活発です。身体器官は、肉体寄りのものと「第二の身体」寄りのものがあり、均一ではありません。アジナチャクラが目覚めるというのは、身体の外に飛び出すという意味です。外に飛び出すアームなしでアジナチャクラが機能することはありません。額から第三の眼の延長ラインが伸びているのは、未来の人類の形態でもあります。

　しかし、同時にこれは古代の姿でもあります。シュタイナーは、アトランティスのある時期に、人間は「第二の身体」と肉体の額が一致することになったと説明しています。この段階で、私たちは自分の感覚的な肉体が自分自身であると認識することになったのです。以前の段階では、肉体と

いうものと自分という意識が一致しておらず、器から漏れた液体のように、外界のさまざまなものを自分自身と同一化するようになっていたと考えてもよいでしょう。そこにはそれなりに大きな弊害があり、そのため、その頃の人類は固い身体に憧れたのでしょう。今の私たちはその願望が叶って鉄仮面のような感覚の鎧を着て生きていますが、そうなってしまうと今度は行き過ぎで、これを脱ぐことに苦労します。

　私たちは自分の成長の間にこれを追体験するので、幼児の段階でアトランティス期のような経験をしています。まだちゃんと手や足に入っておらず、器官のコントロールもままならない時、常に外界の印象に敏感に反応します。

　『七歳までは夢の中』（松井るり子、学陽書房）という本がありますが、昔からの言葉では「7歳までは神のうち」といいます。これはまだ「第二の身体」と肉体の額が同一化していないのです。そのため、私たちの記憶の中にこの「第二の身体」と肉体が一致していない時代の記憶があります。ですから、額から「第二の身体」を飛び出させるということは誰もが知っている話なのです。

　仏像には背後にさまざまなものが描かれていますが、これは「第二の身体」です。私たちは肉体と「第二の身体」が完璧に一致した時には、ものとして生きています。そしてもの以外に何かあるとは決して考えなくなります。「第二の身体」の基礎は、身体の外側に2～3㎝から、大きなところで十数センチくらいの青白い光として見ることができます。これをもう少し大きく拡張してみる必要があります。これはオーラの内側にあるエーテル体です。広げていくと、自分以外のものを知覚するようになります。

透視とはテスラ波やスカラー波による遠隔の物質などの光景を「見る」こと

「第二の身体」と肉体の関係は、チャクラでいえばスワディスタナチャクラとムラダーラチャクラ、生命の樹ではイエソドとマルクトの関係です。スワディスタナチャクラは性的なことに関係していますから、「第二の身体」を強めるのに性的なエネルギーの増加は役立ちます。とはいえ性的エネルギーは、本来は他者に無関心で閉じている単独の活力です。性的な活力を男女的な関わりの方向に変形させたのは、実際の男女関係に関わる性意識です。単独の性的センターの活力を男女分割の前の段階にまで戻すと、それは単独で働くようになり、強烈な生命力と、存在することの快感が強まります。

スワディスタナチャクラはガンガーの川で、環境とか他者、さまざまな行為へ関連づけられる水の力に関連しますから、ここで性的な活力は他との関連性へと分割され、複雑化したと考えてもよいのです。分割されてしまうとエネルギーは弱まってきます。

エーテル的な力は一部の科学分野では、「テスラ波」、あるいは「スカラー波」と呼ばれていて、これはプラス・マイナスの電荷を持たない中性的な性質ですから、原子の持つ陽子や電子に引き込まれずに、透過すると考えられています。つまり3次元の物質のどこにも捕まらず、物質の持つ巨大な隙間を通り抜けます。

しかし、透視というのは、エーテル物質やこのテスラ波などを使って、ターゲットとなる遠隔の物質とかそれが構成する光景を見ることですから、陰陽に捕まらない中性物質が、「いま・ここ」とは違うところで3次元を構成する陰陽に引き込まれ、その印象を拾い込むことを表します。

性的なものというのは、4次元的なエーテル波が3次元的なレベルではあたかも男女関係のような陰陽電荷に降りてくるきっかけでもありますから、接近する・抜け出すという行き来が自由にできると、この領域で強いエネルギーを蓄積することができます。接近と離脱が自由にでき、陰陽世界・中性世界ということを任意にスイッチ切り替えできると理想的です。

繰り返し練習をして習慣づけすることが大切

　「第二の身体」というのは、実感のある身体です。戦争で片足がなくなった兵士が、足先が痒いという時に、それは「第二の身体」の足を指しています。

　私は交通事故で右足を骨折し、病院でこの折れた骨の中にチタンのパイプを入れて接合する手術を受けました。しかし、少し角度がずれて接合したために、1年近く、自分の感覚と現実の足の位置が違うことにとまどいました。まっすぐのつもりでも足は少し右に開いている方向を示すのです。しかし慣れてくると同じになりました。「第二の身体」の方が、実際の肉体の足の位置に合わせたのです。

　「第二の身体」は実感を伴います。額から「第二の身体」が蛇のように飛び出し、水晶の周囲を取り囲むということを想像し、それがリアルになった時には、はっきりと額から飛び出ていると実感することになります。水晶を見ていない時でも、この額から垂れ下がる何ものかということが実感できるので、いつもと比較した場合、違和感があります。

　しばらくは何をする時も、額から新しい身体が飛び出ているという実感が続きます。それが何かに当たると、当たった感触があります。当たった

ものは物質でなく、物質の周囲にあるエーテル体です。「第二の身体」は物質を透過するので、物質に当たって痛いと感じることはないのです。「第二の身体」で飛び出した額のアームは、慣れると違和感はなくなります。腕が２本あることに違和感を感じる人はいません。それと同じことです。

「第二の身体」は初めは想像力によって作り出し、それを繰り返すことで、やがて「第二の身体」はそれに従属するという性質があります。想像力にすぐに従うことはありません。習慣づけてそれが当たり前になると、それに従うのです。

　ジムで運動をしてもその効果がはっきり出てくるのは３ヶ月後であるというのと似ています。２〜３回額から「第二の身体」が飛び出て水晶を取り囲むという想像をしても、それが定着することはないのです。それはジムで２〜３回運動したが、体に変化はなかったというのと同じことなのです。

習慣づけして定着させるには強くて濃い感情が役立つ

　感情はすぐに変化することが可能です。しかし感情よりも下の振動密度にあるエーテル物質は、すぐに変化はしません。そこでは繰り返しによるパターン化が必要です。一度型ができると元に戻らないのです。そのため、額から出るアームというのは習慣化すると定着します。

　定着の加速を促すもう一つの要素は、強く濃い情念を伴うかどうかという点です。エーテル物質は感情の一番低いレベルと同一の振動で、つまり感情としては濃くしつこい、粘性を帯びたものです。粘性というのは、早い動きに対して足でまといになるような性質ですが、この粘性こそ、ある

振動に対して、より振動密度の低く物質密度の高い振動がまとわりつくことを意味します。

　振動が高くなると物質密度は薄くなり、振動が低くなると物質密度は濃くなるという反比例の関係で考えると、感情が濃くなるにつれて、それはしつこくなり、動きに抵抗します。そして物質に近づきます。繰り返し行うこともまた濃くすることです。うどん粉に水を入れて捏ねているうちに、だんだんと硬くなります。それと似たイメージです。

「第二の身体」は、繰り返しと強く濃い感情の投影という２点で変化が定着します。この２点を使って「第二の身体」を自ら動かすことができるようになったら、その人はこの行為に熱中してしまいます。自分でそれを動かすことができた強い達成感がやってきます。というのも、これは自分で人生を変えることができたのと同じことなのです。型が決まったものを変えるには抵抗があります。例えば、怠け癖を変えるには大変な労力が必要です。繰り返されたものに対して、さらに繰り返すことで変えていくということです。それができたら、大きな達成感が得られるのは当然だといえるでしょう。

　私たちは「第二の身体」のリズム、言い換えると、月のお餅的な素材に刻印されたスタイルによって人生の型が決まっています。それを変えることはまるで生まれ変わったような印象ともなるのです。

　短期の徹底した集中力で何かしようとしても、達成できるものはあまり多くありません。むしろ、日々繰り返して、その新しい型が消えないようになったら、それは変化が定着したとみなされます。水晶透視の練習をして、繰り返しパターンを作りましょう。水晶を見始めると、額のスイッチがカチッと入るような条件反射的なものが定着するとよいのです。

「第二の身体」は鋳型を持つ
型はスワディスタナチャクラが作り上げる

「第二の身体」まで連動させてしまうような濃くて強い感情というのは、自身のいつもの平常さを保つ「保護膜としての球体の限界点」を超えてしまった、とりかえしのつかないことをしてしまったという実感を感じます。そして人によってはそれは恐怖も感じることがあります。しかしその恐怖の感じ具合が強いのは、自尊心によるものなので、これは人によって感じ方が違うでしょう。

濃い感情・強い情念は、特定のことにしか働かないように習慣化されています。それはスワディスタナチャクラの鋳型（カルマ）の支配です。感情の濃い部分は「第二の身体」領域に直結しています。「第二の身体」は鋳型を持ち、そんなに柔軟には変わりません。つまりは特定の慣れたものにのみ濃い感情が働くのです。

例えば、男女や家族、好きなものなどです。これはスワディスタナチャクラが型を作っているのです。そしてこのスワディスタナチャクラの型は、ムラダーラチャクラから上がってくるクンダリニ的な力の方向性を支配します。

つまり、単独的な型に染まっていないムラダーラチャクラの力を盗み出して、鋳型の方向に分散させています。例えば、野球に夢中になる人とか何かに情熱を傾けている人といったことです。これらの行為はたいていの場合、クンダリニ的な力の上昇がスワディスタナチャクラで、特定のものに鋳型として方向づけられて、そこに大量にエネルギーを投入することで行われます。そしてマニプラチャクラで積極的な行動性を生み出しますが、しかしそこで止まりです。

特定の鋳型にはまってしまうと、その後、エネルギーはアナハタチャクラに上昇する道を失ってしまいます。すると、特定の分野に全生命をかけてしまうような行為をする人も登場してきます。野球を通じて発達するということと、野球に夢中になるというのでは全くその意味が違ってきます。
　水晶で映像を見るのも現代では失われた回路ですが、反復していくことでこの道筋が出来上がり、だんだんとこの行為はリアルになっていきます。その繰り返しの中ではますます実感が強まりますが、こうした多くの人が持っているわけではない回路を作るには、それなりの身体の抵抗にあってしまうという避けられない面もあります。

4 チャクラの考え方

アジナチャクラとスワディスタナチャクラは鏡面関係のようにお互いに呼び合う

　人体には七つのチャクラがあることを説明しました。チャクラは鏡像構造のようになっています。シュムスキーは『オーラ・ヒーリング』で、マカバのような構造をチャクラに対応させています。

　このマカバというのは二重正四面体で、正四面体が逆に張り合わせてある形です。ヘブライではこれに似たメルカバは「光の戦車」と呼ばれていて、このマカバを手に入れるとどこにでも自由に飛んでいくことができるし、またそのマカバを持つ存在は失われることがないといわれています。

　平面で横から見るとこれは六角形で、シュムスキーが紹介しているのはこの平面の六角形ですから、正確にはマカバではありませんが、チャクラの上のグループと下のグループの対応関係を示すのにわかりやすい図です。

　この場合、上の三角形は上の三つのチャクラに対応し、下の三角形は下の三つのチャクラに対応するので、スワディスタナチャクラとアジナチャクラは、180度反対側で鏡のように反射しあう関係になります。真ん中のアナハタチャクラは、この二つの三角形をつなぐ要素として蝶番のように働きます。

　アジナチャクラの第三の眼の働きは、その素材として、スワディスタナチャクラのガンガーの川、水の流れが持ち込んでくるものを対象化して見ています。アジナチャクラは見る側、スワディスタナチャクラは見られる

側と考えるとよいでしょう。

　生命の樹では、このスワディスタナチャクラはイエソドですから、濃いエーテル的な流れそのものを意味します。このチャクラは関連性を作り出すので、その意味では個人として閉じることができず、川は個人から外に広がっています。外のものは個人に持ち込まれます。人が川に浸かっているというイメージで考えるとよいのです。もちろんエーテル的な流れの川です。その下にあるムラダーラチャクラは土のタットワですから、川の底の岩と考えてもよいでしょう。

　アジナチャクラで透視をすると、時には長いトンネルがあり、それは過去や未来につながっていることを理解しますが、それはスワディスタナチャクラの下水のような流れを見ていることになります。個体としてエゴに強くこだわると、関連性をつけつつも個体としての単独性の行動やメリットを追い求めることになりますから、そこで葛藤が発生し、それがすっきりと処理できない情念の渦も生み出すことになります。また情念をシンボライズした、得体の知れない怪物を見ることになりますが、それは川がそのような意味を持つのでなく、それを見ている本人の葛藤の投影に他ならないので、川の性質ではありません。

「見る」三角形は男性の三角形であり 「見られる」三角形は女性の三角形である

　チャクラを六角形の構造として考えると、基本の動作原理は三つしかなくなります。頂点と底点は位置座標の固定です。上から2番目、下から2番目は可能性の探索と種々のイメージです。そして上から3番目と下から3番目は、働きかけの動作や結果を生み出すこと、生産性に関わります。

2番目のチームは受容的で、3番目のチームは能動性が高いと考えてもよいでしょう。

　この三角形のセットは、「見る」三角形と「見られた」三角形です。また上を男性の三角形、下を女性の三角形ともいいます。連動すると、三つの分野で、見ることと見られることが連動して、見たいものを見るということができるでしょう。

　下の三つのチャクラは「世界に所有されている」と考えてもよいでしょう。そこに物質的な意味での個は存在しています。もちろんムラダーラチャクラは物質的な肉体です。しかしこれはものに近いと考えてもよいのです。

　上の三つのチャクラは、考えたり、見たり、行動を促したりするグループで、下の三つに対して働きかけます。そして上の三つのそれぞれに分担があり、それぞれ下のどれを管轄するかが決まっていると考えるとよいのです。

　上と下が常に連動すると、どんなものも空回りではなくなります。例えば、喉のビシュダチャクラと下から3番目のマニプラチャクラが連動すると、「第二の身体」領域という不可視な領域での拡張・発展能力と、マニプラチャクラという文字通り現世的なところでの押しの力とが連動して働きます。

　しかし、時々上の中枢が下の中枢と連動することで、飲み込まれる場合もあるでしょう。アジナチャクラという第三の眼はスワディスタナチャクラを見ていますが、スワディスタナチャクラに飲み込まれて、アジナチャクラがちゃんと機能していない時には、スワディスタナチャクラの受動性や習慣性に引きずられて、それ以上のものを何一つ見ないということになるのでしょう。これが目覚めていないアジナチャクラという意味です。

　この三つは、私は存在する、私は夢見る、私は行為するという3種類です。この二つの三角形を結合するのはアナハタチャクラです。一見すると別物

に見えるものを結合させてしまうのです。そしてアナハタチャクラで上と下が組み合わされて、横に大きな放射状の光を放つことになります。これで生体は一つのまとまりを示すことになります。

　たいてい一つのチャクラが弱いというのは、その分、外界に依存していることになります。チャクラは法則なのでどれか一つをなくすことはできません。そのため、弱いというのは、その分、何か別のものに寄りかかって、誰かに肩代わりしてもらう必要があるのです。言い換えると、すべてのチャクラを所有することは、環境依存がなくなることです。これがマカバという飛行機を作り出すことのできる条件なのでしょう。

スワディスタナチャクラは人生の鋳型として抵抗 書き換えるには直接的な取り組みが必要

　水晶でビジョンを見るというのは、この3種類グループの中で、もっぱらアジナチャクラとそれに対応するスワディスタナチャクラが活用されることになりますが、これは能動と受動という対の関係にあります。

　スワディスタナチャクラはカルマを抱え込むといわれています。そのため、スワディスタナチャクラのカルマ的な関係や関連性、結びつき、ある種の人生の鋳型は、アジナチャクラの働きに対しての低抗体として働き、アジナチャクラそのものが自らの能動的な力を発揮しないかぎり、スワディスタナチャクラの作り出す習慣の型に負けてしまうことになります。

　スワディスタナチャクラの上にあるマニプラチャクラやアナハタチャクラなどの開発によってスワディスタナチャクラの影響の比率を相対的に弱めて気を散らすことはできるのですが、しかし内容を書き換えるには直接の取り組みが必要です。

意図的に額から「第二の身体」を飛び出させ、それが実感として働くようになることそのものが、アジナチャクラがスワディスタナチャクラという鏡面に対して打ち勝つための第一歩を作り出します。今までの習慣や考え方、生き方から一歩も出ないということが、額から「第二の身体」が一歩も出ないという意味ともなるのです。

　そもそも水晶を見て何か映像が映るというのは、世間の常識からしてあり得ないことです。それはファンタジーの世界でしか認知されません。それでも、額からエーテル体のアームが出て水晶を包み込み、水晶の中に映像を見たりすると、それは旧来のスワディスタナチャクラの常識をまず打ち破って、アジナチャクラが平均的水準線から一つ踏み出したことを表しています。

　思考はみな身体の範囲の中にあります。しかし外に飛び出す時、それは未知の世界や新しい探検、新鮮な刺激がやってくるのです。

　身体の中に閉じ込められたアジナチャクラは、今までの生活の中で繰り返されてきた日常的なイメージを見ることしかできません。いつも考えているようなことしか言わないし、言えないのです。アジナチャクラは第三の眼の力ですが、それがほとんどの人で働きにくい理由は、つがいであるスワディスタナチャクラが作り出している、関連性の鋳型に受動的に振り回されているということも大きな要因です。

　スワディスタナチャクラの抵抗は、易きに流れるという方向でいろいろな理由を作り出します。忘れるとか、こんなことをしても意味がない、というような抵抗です。緩衝器は水の元素の中にあるといわれています。

　私は、抵抗が始まった時に、「手応えあり」と判断します。その時に押すとより効果的だからです。新鮮な気分で取り組んでいる時にはまだ効果は出ません。退屈、意味がない、むなしい、飽きた、こう感じた時がスタートと考えてもよいのではないでしょうか。

アジナチャクラは、カルマの中枢であるスワディスタナチャクラと相対しているために、ここで綱引きをしても互いの圧力と緊張感が高まることになり、働きかけには、アジナチャクラの下のビシュダチャクラの方からスワディスタナチャクラに働きかけるという図式になりそうですが、話が複雑になりますので詳細は後で説明します。

上がってくるものは活力となり降りてくるものは理解となる

　人間の究極の進化は、ムラダーラチャクラから上がってくるクンダリニとサハスララチャクラから降りてくるシヴァ神的な力がアナハタチャクラで交流することで生じますが、その意味では、ムラダーラチャクラから上がり、スワディスタナチャクラで情念的な鋳型で分散される時に、同時に上のサハスララチャクラから来たものが2番目のアジナチャクラで分割されることになり、この二つのスタイルの同期を取るというのが、シヴァとシャクティの二人三脚的な共同作用となります。鏡のように同時進行なのです。上がってくるものは活力で、降りてくるものは理解です。理解は上がってくるものをより精妙な領域まで引き上げます。そして質を上げます。
　しかし、この2種類の三角形がうまく交流し鏡構造になるためには、まずはアナハタチャクラがこの二つのグループを結合しないことには話は始まりません。アナハタチャクラが正常に機能すると精神と実際的なエネルギーは正しくかみ合うようになります。
　アジナチャクラで何かをじっと見る。すると、女性力がムラダーラチャクラ、スワディスタナチャクラと上がってきて堅い物質が柔らかくなるというのは、タロットカードでいえば審判のカードです。つまり、墓の中か

ら死者が蘇るのです。生命の樹ではマルクトからホドのパスに対応するカードですが、チャクラに翻訳すると、これはムラダーラチャクラからスワディスタナチャクラ、そしてマニプラチャクラに上がってくるものを意味します。それは鏡像として、意識がサスハララチャクラ、アジナチャクラ、ビシュダチャクラに降りてきていることになります。

　人生の中で開かない扉はないのだと実感すると、何かする時にも取り組みは中途半端ではなくなります。スワディスタナチャクラの関連性の型を書き換えないような行為は、そもそも行為ではないのかもしれません。

　チャクラシステムは身体の中にある個人の中枢ですが、これは同時に世界に浸り世界を理解するためのものでもあり、人はみな自身のチャクラしか見ていないともいえます。グルジェフは、スーフィーが活用していたエニアグラムを指して「人はみな自分のエニアグラムしか見ていない」といいましたが、実はチャクラはエニアグラムのことでもあります。七つの音にインターバルという動作点を組み込んだものなのです。そのため、人は自分のチャクラしか見ていないといえることになります。

「こういうものだ」という定義が対象物のさらなる中に入るのを妨げる

　何か対象を見て、そこから力を引き出すことができない場合には、それは私という視線にブロックがかかっています。つまり自分の中のスワディスタナチャクラの抵抗体に阻まれて、対象に入り込めないといえるでしょう。

　何を見ても私たちは「こういうものだ」という定義に縛られ、そこで意識は対象の中に入り込むことを止めます。誰でも、こういうものだという

定義で見られていることをわかっています。私たちは自分のエニアグラムでしかものを見ないので、私たちのチャクラは共鳴しあい、こういうものだと決めつけている人たち同士で同意があります。またそうでない場合、新しい意義の発掘、すなわち審判のカードのような墓堀りをすると、他の人にも共鳴して同じ現象が起こります。視線は伝染します。

身体から「第二の身体」がはみ出すと、それは「感覚では認識できないものを直接認識する」ことができるようになり、この段階で「第二の身体」と自分の肉体の形が実は同じではないことに気がつく人がいます。

「第二の身体」と肉体が一致している場合には、「第二の身体」はこの肉体の形をしていると思い込んでいることで、「第二の身体」は肉体と一致します。つまり「第二の身体」というものは、もともと柔軟なお餅のようなものなので、必ずしも肉体の形にぴったりと合っているわけではない場合でも、肉体と同じと考えることであたかもそうであるかのように整形されていくのです。そしてそれをさせている作用はスワディスタナチャクラであり、関連性のカルマの性質であり、それは愛着のあるものに自己同一化することで、形に閉じ込められていきます。

シュムスキーは、「霊的な絆」が人々の自由な人生の発展力を妨害することを述べています。これは性的な関係を持つと容易に形成されるそうです。しかしそれだけではありません。相手は人間と限らず、事物や動物、自然界の場合もあります。そして、スワディスタナチャクラの拘束力となり、本人をほとんど意識していないところで縛りつけます。これが「鋳型を作り出している」という元凶の一つにもなります。

私たちの意識は、このガリバーがつながれた綱の集積のような霊的な絆によって、視点が固定します。中には、母親によって知覚の制限をされている場合もあります。これは「母殺し」ができていないという状況です。しかし、本人はそれに気がつきませんし、おそらくは母親も気がつかない

でしょう。母殺しのできない人は、元気がなく何も決断できないでしょう。この霊的な絆は無意識下の自己同一化です。意識化して、どんどん取り外すのがよいのですが、これは「第二の身体」のレベルに入ると、シルバーコードでつながっているように見えるようです。

マカバは人間を一つのまとまった結晶にする
8点集めることで凝縮した場を形成する

あらためてマカバのことを考えましょう。シュムスキーのチャクラ六角形は平面であり、マカバのような立体ではありませんでした。人間存在に必要な部品を全部揃えて統合化すると存在は一つの結晶になり、どこにでも行くことができます。そのため、「マカバに乗って故郷に戻る」という言い方をします。マカバは人間をまとまった一つの結晶にすることです。それは8点集めることでその中に凝縮した場を形成します。

私が本書でマカバを取り上げるのは、実は、水晶の結晶の形はマカバと似ているからです。水晶をカットした商品としてマカバ型のものが販売されていますが、私はそれはあまり意味がないように思えます。もともと水晶はマカバと似ているからです。

日本の古い話で、このマカバに関係しているものと思われるのは、羽衣伝説です。天女は軽い羽衣を持ち、天と地の間を行き来していました。天女は8人いました。マカバは頂点が八つで、このどれが欠けても飛ぶことはできません。羽衣伝説では、このうちの一人が羽を犬に奪われて飛ぶことができなくなったという話です。犬は人間よりも一つ下にある生態系で、それに羽衣を奪われるのは、八つの頂点のうちの一つが下の次元に縛られてしまったことを意味します。そのためマカバは飛びません。

しかし、この犬のレベルで8点集めて平均化したら、天女よりは一つ次元が下になりますが、そこにより低次のマカバができるでしょう。これは滝沢馬琴の『南総里見八犬伝』の例です。犬はしばしば月の生き物といわれています。犬は、人間よりも生命の階段あるいは生きとし生きるものの図表で一つ下にいるために、人間が腹を壊してしまうような腐った肉を食べても腹を壊すことはありません。この小説では、安房国里見家の姫・伏姫と神犬八房の因縁によって八つの数珠の玉が飛び散り、これが8人の若者（八犬士）を集結させます。仁・義・礼・智・忠・信・孝・悌の文字のある数珠の玉（仁義八行の玉）がまとまると、大きな力を発揮します。この八つの球は鉱石と考えてもよく、鉱石が引き寄せるエーテル物質が八つ結晶化することを考えてもよいのではないでしょうか。

古来のシンプルなチャクラはドからシまでの7音階と対応する

　音楽の7音階のような七つのトーンを、このマカバのそれぞれの頂点に配置した場合、女性力としてのムラダーラチャクラとスワディスタナチャクラ、マニプラチャクラは、それぞれド・レ・ミという音に対応することになります。
　グルジェフの体系では、宇宙法則の模型として作られた音階は、宇宙法則と同じように、半音部分のミとファの間、シとド間に不足があり、そのままではそこをうまく通れないということを説明しています。
　シとドの間は、そんなに問題ではありません。というのもこれはド・シ・ラをサハスララチャクラとアジナチャクラ、ビシュダチャクラに対応させた場合、上空からやってくるシヴァ的な力ですから、自己を分割すること

でドの音はシに降りることができます。すべてを持っているものは自己を分割できますが、自分が部分的な存在である場合、よりトータルなものになることはできないという法則があります。

　ここでチャクラを音階にそのままストレートに対応させると、ムラダーラチャクラはド、スワディスタナチャクラはレ、マニプラチャクラはミ、アナハタチャクラはファ、ビシュダチャクラはソ、アジナチャクラはラ、サスハララチャクラはシになります。古来の一番シンプルなチャクラは七つですから、ドからシまでの対応になりますが、これは上昇するオクターブという発想で、下降するものが入りません。シは自力ではドに上がれないので、ドからシまでというと、それは下から上がって、自力の限界まで到達した図になるのです。そしてより上位の次元との接点はない孤立した体系となります。

　変則的ですが、下から上がるものがド・レ・ミ。上から降りるものがド・シ・ラにしてみると、アナハタチャクラという接合点に、ソ・ファという二つが割り当てられることになります。この対応はかなり奇異に見えるかもしれません。実はマカバのことを考えると、この方が合理的な面もあります。もちろん、これは昔からいわれているドからシまでの対応とは違う変則的なものになり、ビシュダチャクラがソでなくラ、アジナチャクラがラでなくシ。サハスララチャクラがシでなくドということで、違和感を覚える人も多いかもしれません。

　本書では、この少し変更をしたもので考えを進めていくことにしてみますが、これは仮説であるということに注意してください。サハスララチャクラがシであるかドであるかは、大きな違いがありますから、鵜呑みにしないようにしてください。

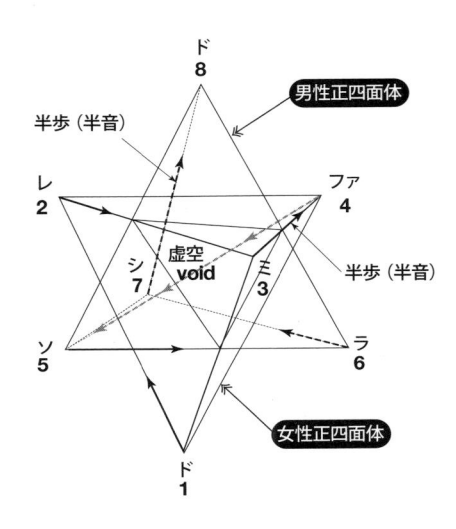

『フラワー・オブ・ライフ（下）』（ドランヴァロ・メルキゼデク著、紫上はとる訳、ナチュラルスピリット）より

考え方の組み替えをすると体調に解体・再構築が起きる

　4次元レベルでは、このように法則を考える時に、考えただけで体調とかさまざまなことに変化が発生します。

　私の体験ですが、三重県で開かれた講座に行く朝、電車の中でこの内容を考えていた時に、何かしら妙なめまいを感じ、結局その日は体調を崩して、午後は講座をお休みにしてもらい東京に戻ったことがあります。それから正常に戻るのに十日くらいかかりましたが、体調が悪くなったからこの思考は良くないという意味ではありません。つまりちょっとした組み換えを起こしたので、微妙に解体・再構築が起きたのです。

　私は宇宙法則に関しては最も関心が高いので、仮説を作ったり、また数

年かけて訂正したりします。これらは直観的な理解とか霊的な感受をすると、正しい結論にそのままいけるのかというとそうではありません。

　右脳と左脳は知覚者と解説者という役割分担があり、この二つが揃って前進します。知覚者は言葉にすることができず、地上に落とし込めません。解説者は、それをロジックにしていきますが、常に知覚者が受け取ったものの近似値を構築します。直観的・霊的な人は、自身の中に良い解説者を持っていないと、堂々巡りをするし、ほとんど前進しません。もちろん解説者は知覚者がいないと、何もできません。霊感や直観は、この自分が持つロジックや法則図によって、受け取る内容が大きく変わってしまうものなのです。

シの音は「有限の極」であり　どんづまりの状態を表す

　クンダリニは上昇してサハスララチャクラでシヴァ神と一体化すると、ハイヤーセルフ体験をするといわれていますが、しかしサハスララチャクラがシであるならば、そうした体験はできません。

　シの音は「有限の極」という進化のどんづまりであり、その先に行くことのできないぎりぎりの限界点なのです。そして有機体はシまでしか進化しなかった場合には、その後は腐って死滅します。というのも、上位のエネルギーの供給を受けることができない、孤立している生体圏になってしまうからで、外界とつながらないものは生き残ることはできません。

　シの音は蜂を待つ花弁であり、この蜂を待つ花弁は、地面に縛られた花がより上の世界に行くためにはただ待つしかないという姿勢を意味しています。生きとし生きる図表のように考えてみると、地面に縛られた花は植

物であり、進化の頂点に弁があり、自由に動ける蜂は無脊椎動物ですから、植物は次の進化の段階が無脊椎動物という順番の反映です。

　ルーベンス、レンブラント、ヴァザーリ、カラッチ、ティツィアーノ、ティエポロ、ルドン、モロー、ダリ、果ては横尾忠則までが描く、岩につながれたアンドロメダを救出するペルセウスの絵にも似ています。エチオペアの王妃カシオペアが「自分の娘であるアンドロメダは、海のニンフ達より美しい」といったために、海神ポセイドンを怒らせてしまい、アンドロメダを海獣に捧げるはめになったのです。海辺の岩に鎖でつながれたアンドロメダを海獣が餌食にしようとした時に、メデューサの首を持ったペルセウスが海獣を石にしてしまい、アンドロメダを救出するというテーマの絵です。岩につながれた花弁であるアンドロメダと、そこに飛んでくる蜂であるペルセウスの構図です。

　私は数年前には、この神話をテーマとしてよくお絵かき教室で参加者に絵に描いてもらっていました。今でも思い出すのは、ある参加者はペルセウスを酔っぱらいのおじさんのように描き、アンドロメダはそのペルセウスに「うるさいので、あっちに行って」といっていました。そのように絵を描いてもらうと、その人の目的やしたいことがよくわかるのです。

チャクラの開発数が増えれば急激に世界は広がっていく

　チャクラは最も素朴な構造が七つなのですが、そのまま７音階というふうに当てはめないで、サハスララチャクラをドの音にすると、サハスララチャクラは下降することが可能となります。さらにドの音は、もともと次の次元とのつなぎ目ですから、上の次元にとってのムラダーラチャクラと

みなすこともできます。ちなみに北出幸男式のチャクラと五つのタットワの対応も、ヨーロッパ式の虹の色をチャクラに当てはめるという通説を覆すことになりますから、これも注意してください。イスラエル・リガルディは北出説と同一です。

　サハスララチャクラをドの音に対応させた図式では、オクターブの中での最大の問題は上昇していく性質の下の三角形の中にあるミとファの間で、これはマニプラチャクラとアナハタチャクラの間ということになります。マニプラチャクラがそのまま自然な形でアナハタチャクラに上昇することは困難です。というよりも、それは不可能です。

　これは個人的なものが普遍的なものへ拡大するのに、そのやり方がわからないということです。マニプラチャクラとアナハタチャクラが違いすぎるのです。ムラダーラチャクラとスワディスタナチャクラはそんなに極端な違いはありません。またスワディスタナチャクラとマニプラチャクラは水と火なのでこれも対極にはありますが、反転可能です。問題はミとファなのです。

　レ・ミ・ファの間で作られる平面プレートは、物質を基盤にしながら、物質に縛られない意識の活動の場です。これは正四面体ができることで初めて形成されます。このプレートができない場合には、人間にはド・レ・ミの平面的な正三角形しか手に入りません。すると、人間の自由な活動の場はレ・ミの２点しかなくなります。私たちの意識は自分自身の地点を一つ必要としますから、三つあると、実際に認識できるのは二つです。つまり認識力としてはイエスかノーかしかないような世界観です。

　メルキゼデクの『フラワー・オブ・ライフ』では、人類の大半はムラダーラチャクラとスワディスタナチャクラ、マニプラチャクラというド・レ・ミの三つの要素のみで生きていると説明されています。その上のファを認識することはできないので、それはこの世に存在していないかのようです。

メルキゼデクのいうように、人類は下の三つのチャクラでしか生きていないのならば、マカバを作り出すのは遠い話です。今のところ千人に一人程度しか存在しないそうです。8面のうちの1面しか使うことができないということになるのですから、それは極端に狭い生き方です。

　それにしても、チャクラは七つありこのうち三つしか使えないといっても、それはすべてのうちの43％程度です。ところがマカバで考えると、8面のうち1面しか使えないということになるので、チャクラの開発の数が増えると急激に世界が広がることを意味します。

物質は思った通りには働かない
サバイバル人生とはファの力がないこと

　このファの部分が開発されないと、私たちの三角形という活動のプレートは、ド・レ・ミのみですから、ムラダーラチャクラとスワディスタナチャクラ、マニプラチャクラのみになりますが、カバラでは神はイエソドにまでしか降りてこないという話があります。イエソドはスワディスタナチャクラのことで、その下にあるマルクトすなわちムラダーラチャクラ、物質界には、神、つまり意識は降りてこないのです。これははっきりしていることだといえます。つまり物質は思ったことに従ってくれません。

　最近、秋分の時に知り合いが死んだという人がある夢を見ました。死んだ人は、夢の中では裸だったそうです。そして門の前にいたそうです。この場合、肉体はイエソドで洋服はマルクト、あるいはムラダーラチャクラです。身体はゆっくりと意識に反応します。しかし洋服は意識には反応しません。それは外にあるからです。外というのは、このチャクラよりも下のチャクラの7音につながっているからです。それは人間には関与できな

いもう一つ下のオクターブです。これは私たちから見て、内輪ではないのです。だから思いのままにはなりません。

　つまり、私たちはファがない場合には、活動のプレートの三角形は、意識のいうことを聞かない物質というドの音を拠点にして活動するしかないのです。これを「サバイバル人生」といいます。サバイバル人生では、より下の力に支配を受けます。地を這うような生き方になってしまいます。

　もしここでアナハタチャクラのファが手に入ると、活動のプレートはレ・ミ・ファという三角形に移動し、この三角形プレートは、地上から遊離する「空飛ぶ絨毯」のようになります。するとドという物質領域に飲み込まれることなく、さらに物質領域を素材にしてそこから活力を引き出すことが可能です。ちゃんとレ・ミ・ファはそれぞれドとつながっていてそれを認識し、無視していません。しかし活動の場はレ・ミ・ファという平面なのです。

　ドを含む平面での活動は、物質を活用しているのでなく、物質に活用されていて、地を這ってサバイバルしているのですが、ド・レ・ミ・ファという四つがあって、ドから独立したレ・ミ・ファの平面ができると、土の元素に転落しない活動ができるのです。そこには心があります。心ある道というのはそういうものを意味します。

インターバルショックがあることで転落しない生き方をすることができる

　ミとファの間の隙間を埋めるインターバルのショックの力があれば、余裕のある自由性を確保した浮く絨毯の上での暮らしができて、生活が転落しないのです。下の三角形はあくまで物質的な領域ですから、ここで具体的な条件や金銭などのさまざまなことで転落しない生き方というのは、進

化・向上する上で大切なことです。また同じお金ということに対しても、ド・レ・ミの平面で考える場合と、レ・ミ・ファの平面で考えるのでは全く意味が違ってきます。お金を使う人とお金に使われる人の違いです。

　実はさらに重要なことなのですが、ド・レ・ミ・ファの四つの点が正四面体を作ると、これは頂点を相対的に移動させることのできる柔軟な視点が生まれます。例えば、ド・レ・ミの平面は、頂点にアナハタチャクラを置き、アナハタチャクラがド・レ・ミすべての要素のエッセンスということになります。

　グルジェフの思想では、このミとファの間のインターバルは、外部からやってくる次のオクターブのドの音が隙間を埋めることで前進することができるという考え方です。ドは自らを分割することでシに降りることができる。ということは、このドからシへ降りる時の行為を共鳴的に取り込んで、ミはファに上がります。一つが降りる時に一つが上がるのです。外部から来たものによる助けなしにこのオクターブの間隙を通り抜けることができないのです。

　グルジェフの使うエニアグラムでは、２番目のオクターブの介入が示唆されますが、しかしマカバのチャクラ対応では、この２番目のオクターブを探すことはできません。

　ここであらためて注意書きをしますが、ここで説明しているオクターブとチャクラの関係は、メルキゼデクが『フラワー・オブ・ライフ』で書いているものと変えてあります。私は、もっとシンプルな図として考えているので、全く同じではありません。

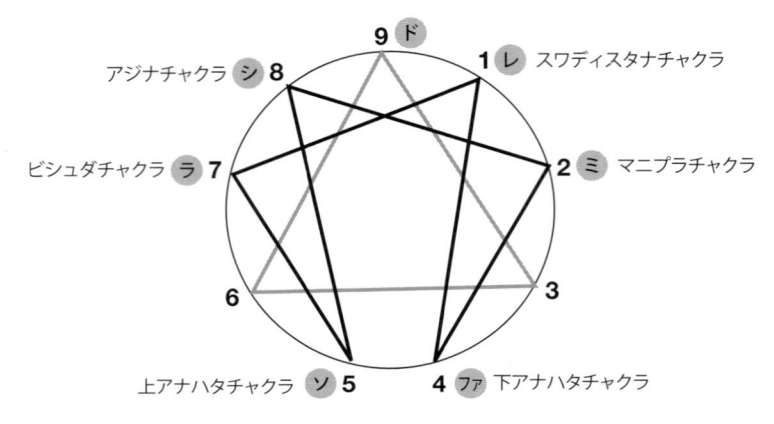

エニアグラム

マカバもエニアグラムも
ドからシまでと一つの上のドで構成

　マカバのチャクラ対応では、ドからシと上のドの音までの八つの音が、マカバ全体を表しています。エニアグラムも七つの音に加えて上のドの音の八つがエニアグラム一つを示しています。

　エニアグラムでは、この一つのオクターブの幅の間に三つのオクターブが関与しています。ド・レ・ミまで進んだ第１オクターブに対して、ミとファの間に第２オクターブのドが入り、そこからド・レ・ミと進み、その限界点に第３オクターブのドが入って、この第３オクターブのミまで進んだところが、初めの第１オクターブのシに重なります。その時、第３オクターブはミまで進んでいて、第１オクターブのシ、第２オクターブのソ、第３オクターブのミが同列に並びます。

マカバは四つの点を持つ二つの正四面体の構成ですから、マカバ、すなわちエニアグラムという対応はできません。しかしエニアグラムは、チャクラのような七つの音を持つシステムを詳細に分析するための法則図ですから、七つの音やチャクラを考える時にはエニアグラムを持ち出すのは妥当なところです。

　メルキゼデクは、ド・レ・ミの進行は方向転換をすることでファの音に至るという言い方をしていますが、これはグルジェフのいう「ミが自力でファに上がることはできない」という原則を考慮に入れていない発言です。自分で視点を変えることで方向転換できるならば、初めから何の問題もないのです。それができないからこそのインターバルであり、エニアグラムです。

　マカバでは、下の四面体と上の四面体という二つしかないので、この二つの関わりの中で、不足のインターバル部分を補う手段を発見するしかありません。ミがファに上がるためには、外部からやってきたオクターブの力を借りるしかないというのが原則です。となると、外部のオクターブとは上の正四面体の存在しか考えられなくなってきます。

上位のアナハタチャクラの介入は下位にとっては死活問題といえる

　この場合、下の正四面体と上の正四面体は、同じ角度で張り合わせられていません。下の正四面体の一つの面、つまり正三角形の真ん中を突き抜くように、上の正四面体の頂点が位置しています。
　これが重要な要素といえます。心のないムラダーラチャクラとスワディスタナチャクラ、マニプラチャクラで生きている正三角形の生物は、この

平面の正三角形が正四面体という立体に変わるために、これまでとは予想もできないような上空に第4のファのことを発見しなくてはならない。それは2次元の生き物に3次元を発見せよということと同じですが、それを手がかりにするかのように、第4のファの音とは反対の側に、外部から侵入してきた正四面体がその一角を突き刺してきます。

　2次元的な視野しかない虫が脱出口を捜している時に、上空から上の正四面体がやってきたのです。反対側にソの音を介入させてきた事態を見て、下から上がってきた正三角形意識は、そういうこともありうるのだということを驚きをもって見つめます。そういう視点が存在することの奇跡的な事実です。

　グルジェフは「ソの音はファに変貌することができる」と説明しています。ミから上の世界を知らないド・レ・ミにとって、外部からやってきたファの音、しかもソから降りてきたファは、死活問題になる最も大切なものなので、それにしがみつきます。

　つまり上の正四面体は、自らのソの音を下の正四面体のファの音の生成のために供物にするのです。マカバではソとファは対角線上にあります。

　理屈として考えると、ソとファは両方ともアナハタチャクラを表します。それは下から来たものと上から来たものを結びつけます。どちらが先かわかりません。ミはファを求めていたのでファが来たのか、それともソがファへと与えたので、ミの側にファに向かおうとする欲求が共鳴的に作り出されたのかわかりません。そもそもミは、それ自身では何を求めているのかさえ自覚できません。鏡構造ですから、ソがファになって降りてきた時に、ミはファを強く求めるようになったのかもしれないのです。

　ソは上の正四面体に属しています。ファは下の正四面体に属しています。この二つの頂点が対角線上で中心を形成した段階で、二重正四面体の中心点が決まります。初めはすぐには決まりません。それはぐらぐらと試行

錯誤しながら見つけ出します。するとファとソは均衡を取ります。その後で、シとミ、ラとレが位置調整すれば、上の正四面体と下の正四面体はぴったりと同期を取ります。

　ド・レ・ミの三角形から見ると、立体の正四面体になるべきファの音とは反対の方向、背中からソの音が入り込んできます。これは裏側からの刺激です。求めているものはファ、しかしその刺激は背後から来ます。これは不思議な感覚を呼び覚まします。求めるものに向かって走り出した時に、それを与えるものが背後から働くのです。しかもそれは、まるで自身の中からやってきたかのようにも見えるのです。前方に向かって走る地上の動物に対して、鷲のような鳥が背後からやってきて地上の動物よりも先に進み、地上の動物が求めるものを鳥が提供します。

アナハタチャクラ特有といえる予定調和的な作用
上下の正四面体が接合することを実感

　私の個人的な体験ですが、この「探し物を求める」時に、自らの背後から「与える」作用が働くという二重性を発見し、そのことに深く感動して自分の人生観が大きく変わりました。これはある時期の、富士五湖の中の河口湖のペンションでの明け方に近い時間での体験でした。

> 「生み出せば、求めるものは見つかる」
> 「求めることは、与えることと連動する」

つまり、ミがファを求めている時に、同時にソはファを与える。そもそも求めて見つからないものを、生み出せば見つかるというのも不思議な話です。自分が歩んでいくと、向こうから探しているものがやってきます。しかし歩んでいかないと、探し出せないのです。確かに探して進むと、自分の中から提供する者が出現したのです。予定調和的な能動意志によってミはファに押し上げられます。この二重的な作用はアナハタチャクラ特有です。
　二重性を知るということは、上の正四面体と下の正四面体が接合されることを実感することです。
　山手国弘さんは実体験的に、下のムラダーラチャクラからクンダリニが上がる時に、上のサハスララチャクラからからシヴァの力が降りてきて、それが胸の真ん中のアナハタチャクラで結合すると、横に放射状に拡大することになるということを説明していました。私は雑誌でこのことを30年前に読みました。山手さんと親交のあったＳＦ作家の星新一との対談です。
　アナハタチャクラで結合した時、横に放射状に光が拡大するという山手さんの話は、マカバの説明そのものです。この光はメルキゼデクの話によると、およそ17mの幅を持つという話です。この横の拡大は、上からのアナハタチャクラの定義であるソと下からのアナハタチャクラの定義であるファという二重的な要素が働き、同時に、上からできた横向きの正三角形のプレートと下からできた横向きの正三角形のプレートが生み出した拡張された空間を表しています。
　ただし、この上の正四面体と下の正四面体というだけの説明では、アナハタチャクラをめぐる不思議な作用は説明できないことがあります。山手さんは、上からのシヴァ的なパワーは磁気的で、下からのクンダリニ的なパワーは電気場のようなものであると説明しています。磁場と電気はだい

たい90度で交差しています。中学校などでフレミングの左手の法則として習ったことがあると思います。

電気と磁気がぶつかり新たな波を生み出すことで「どこにでも飛んでいくことができる」

電磁方程式を作って電磁気学を確立したジェームズ・クラーク・マックスウェルは、電気エネルギーに関して測定可能な成分と相対成分の２種類を提唱していたそうです。相対・エーテル成分は、高次空間的で「虚数的」にして「複素共役」で、この信号は精神に作用し、意識と脳をつなぐ作用だというのです。

後に、オリヴァー・ヘヴィサイドやウィラード・ギブズ、ハインリヒ・ヘルツが四つの方程式にまとめる段階で、この電磁波の４次元的な要素は切り捨てられたそうです。この理論を認めてしまうと、エネルギーの保存則が打ち破られ、物質は無から生まれることを証明してしまうことになるからです。

明在系の法則としては、３次元的な電磁波の世界では光の速度が最高のもので、それ以上のものは存在しません。暗在系の科学では、光よりも早い速度の物質が存在し、これはマックスウェルが想定し、後に科学の歴史の中で無視されたもので、シヴァの磁気的な力、クンダリニの電気的な力をぶつけてアナハタチャクラから発生するであろう、放射状の４次元波、テスラ波とかスカラー波とかいわれるものにも結びつくでしょう。これは電磁波の横波に対しての縦波成分で、空間の障壁を突き抜けます。この中性的な成分は、３次元の世界で成り立っている陰陽の電荷の対消滅にも関係します。となると、下の電気場的な正四面体と、上の磁気的な正四

面体を結びつけた時に、上と下の対消滅が起きるという意味にもなります。

　マカバの「どこにでも飛んでいくことができる」という説明は、この電気と磁気が互いにぶつかり消滅して、第3の縦波ができることと結びつけてもよいのではないでしょうか。電気波と磁気波の関係は、蝶が羽をばたつかせているような形で描くことができますが、その場にいるだけです。進行方向への推進は、この4次元的な力が必要です。

　山手さんも、上からと下からの力がアナハタチャクラで結合すると「どこにでも行っちゃうんだよね」という謎の言葉を残しています。

マカバ作りは水晶透視とも密接な関係
意志次第で何でも得ることができる

『死後探索』（坂本政道・塩崎麻彩子訳、ハート出版）などの著書を持つブルース・モーエンは、サハスララチャクラとアジナチャクラを使ったビジョン能力よりも優れたものとして、胸のアナハタチャクラの中枢のことを説明しています。これが開発されると、どんなものも同調可能だと説明していますが、これもマクスウェルのいう暗在系のエネルギー波のことを示していると思います。それは物質に捕まることなく、突き抜けてどこにも行き、意図次第で何でもキャッチするのです。

　ということは、この力が開放されるマカバ作りは、水晶透視にも大いに関係することになります。水晶透視はどんな障壁も突き抜けるし、過去と未来の秩序が逆転し、未来からの情報がやってこないことには使いものになりません。

　暗在系のエネルギーに関しては、実藤遠さんの『ニコラ・テスラの地震兵器と超能力エネルギー－人類が知らない重力（スカラー）波の存在を

探る』(たま出版)を参照してください。かつて実藤さんが国際新科学会の会長であった時、私は会に招かれて講演をしたことがあります。その時、グルジェフ水素のことを説明し、参加者の半数からは不評でしたが、実藤さんには関心を持ってもらったという記憶があります。

　水晶を見る時、質問やターゲットをはっきり意識します。必ず回答を得るということを決意します。ミは自ら追求しても絶対に手に入らないファを求めるのです。すると、背後からソの音がファに降りてきます。絶対にどんなことがあっても諦めない、欲しいという欲求があるからこそ、ソはファに降りてきてくれるのです。

　またメルキゼデクは、マカバの中心点であるアナハタチャクラに当たるところを「虚空」と書いていますが、これは暗在系のエネルギーが行き来する場所ともいえるでしょう。

　次頁からはマカバについて考え、本書を執筆する上で私が感じたいくつかのメモを紹介しておきます。本文の補足説明として読んでみてください。

memo 1

　ムラダーラチャクラは肉体のポイントです。自分はここに存在するという拠点です。次に、2番目の点に向かって線が引かれると、それはここからあそこという、関連性が生まれます。しかしあくまで出発点は自分というムラダーラチャクラです。ここからあそこということを、本人は認識できません。なぜなら、自分はこの点Aから点Bに移動していて、それを客観視できない。正直な話、自分が動いていても、動いていることを認識しません。スワディスタナチャクラにおいて自分を支配しているカルマ原理を自覚することはありません。

　3番目のマニプラチャクラが生まれると、ここで三角形法則として運動性が生まれます。これは点Aと点Bの間にできた線を、起点から終点まで移動することを認識します。あることからあることへと変化していくことを意識するのです。増大、縮小、こういう動きを作り出すのはマニプラチャクラです。しかし、ムラダーラチャクラとスワディスタナチャクラ、マニプラチャクラという三つの点で構成される運動・生産活動の原理は、ムラダーラチャクラから離れることができないので、自分の肉体的な拠点から見たものしか理解しません。それは他者を理解しません。しかし4番目のチャクラであるアナハタチャクラというのは、他者に対する共感、理解、立場が違うものに応用的に理解できる視点というものを提供します。そして、アナハタチャクラを加えて正四面体になるとどれもが頂点にもなり、どれもが底点になりうることを理解します。これがアナハタチャクラの強い同調能力です。マカバになりさえすれば、どの対角線を軸にしてもよいのです。しかし下の正四面体が発生するには、上の正四面体の関与が不可欠です。

　マカバはどこにでも飛んでいく装置であり、グライダーのようなものです。しかし、私たちはマカバができるまでは、特定の環境につなぎ止められています。これが仏教的な発想だと六道輪廻ということかもしれません。六つを体験し尽くすと、環境から自由になれるのです。音楽の7音や占星術の7惑星、チャクラ、色彩の七つ、どれを使ってもよいのではないかと思います。どれを極めても同時進行です。

memo 2

　対角線の他の部分であるシとミは、それぞれインターバルの手前のどんづまりで停止している要素であるという点で共通しています。ミとシ、レとラは、それぞれ5度の関係ですが、互いに共鳴し、共通するものがあります。

　ここで、音階をチャクラに順番に当てはめた時には、アジナチャクラとスワディタナチャクラの透視、イメージの川という関係はレとシの関係になり、対角線にはなりません。シュムスキーの平面六角形では対角線上です。7音をエニアグラムに当てはめて考えてみると、結構複雑な関係性になります。エニアグラムは、外円で数字を順番に数える進行、また内側の1428571という順番、さらに、円を上から水平ラインで見るものなどがあります。水平ラインは合計すると9になるのです。1と8は9に。2と7は9に。3と6は9に。4と5は9になります。音階、チャクラ、エニアグラム対応表では、レとシは水平ラインです。ドという外との扉を取り囲む瓶の淵の部分です。

　このマカバには、下の正四面体が作り出したレ・ミ・ファの平面と、上の正四面体が作り出したシ・ラ・ソの平面があります。これらが組み合わされたものは、上から見ると六角形ですが、それぞれの点を斜めに持つ、六つの平面を作り出すことができます。この1枚の平面は、それぞれマカバの上からの点一つと下からの点一つを頂点にする四角形のプレートです。六柱面が、それぞれ、上と下の点に結びつけられると、全体は双尖六角柱という水晶の形になります。頂点と底点はそれぞれサハスラララチャクラとムラダーラチャクラです。私が水晶をわざわざマカバの形にカットする必要はなく、水晶はあたかもマカバであるという理由はここにあります。

　松果腺はこの構造の模型になります。脳の構造をアリストテレス的な生命の階段にした時に、これらは同心円の重なりになり、人脳、ほ乳動物脳、虫脳、植物脳、そして鉱物脳としての松果腺になります。オーストラリアのシャーマンの「頭の中に水晶がある」というのは、このことだと思います。

　私は体験的に、左横に60度ずれた時に、「自己意識はスピンアウトして、違う人格につながる」ということを体験的に理解しました。この時、頭の中に六角柱の形の回転

IV　透視の練習　4　チャクラの考え方

ドアがあると思いました。それが左にシフトすると別人格に入るのです。つまり隣の面に移動するのです。

　マカバができれば、どこを中心点にしてもよいのです。自分を構成する部品が全部整うと、どこに移動しても、全部自分です。60度ほど隣に移動すると、今までの私という人格とは違うものにアクセスすることになりますが、そしてそれは違う拠点（チャクラ）の上に立って考え、生きている意識ですが、それは大きな自己を構成する六つの小さな自己のクラスターであり、大きな自己を信頼するならば、この別の小さな自己にシフトすることを許すことができます。しかしマカバができていない場合、一つの面に依存していますから、そこで隣の面にシフトすることは、自分が重要視している自分という人格がクラッシュすることを意味しますから、とても危険です。

memo 3

　建物のような立方体を斜めから見た時、六角形は三消点法で活用され、これは表から見える面のパースペクティブと、その裏から見えるそれに分類されます。つまり六角形やマカバの形は、物事を全く反対から見るということを普通に成し遂げています。そして隣の60度区画に移動することは、これまでと視点が正反対になることを意味します。隣でありながら反対です。

　六つの柱の一つが私たちの今の人格です。といっても、ド・レ・ミの三つでしか働いていない場合には、マカバそのものが作られていませんから、この六つの柱の一つが自分というふうにみなすことさえできません。それは前史の段階であり、サバイバル人生の中です。しかし後にマカバができた段階で、私という今の人格はこの6枚のうちの一つとして働くということです。隣の人格は、私から見ると影の人格で、表の人格を成立させるために裏に回っています。それは不快なのかそれとも魅力的なのかというと、両方です。小さな自己という一つの四角形から見ると、不快な敵対物ですが、大きな自己というマカバ全体から見ると、歓迎するべき部品です。

　ヘミシンクなどで深い意識に入ると、この隣の板にアクセスすることがあり、その時、今までの自分の記憶は消えて仮死状態になり、その代わりに隣が活性化します。一つの人格は60度の幅があり、隣はまた60度です。ある明晰夢では、私が受け持つ60度範囲は黄色のオーラが滲むように囲んでいて、これが今の自分が使っているものなのだという説明でした。そして斜め向こうにペルセウスが輝いているのが見えました。

　恒星は、上からきた正四面体の一つの頂点を受け持っているはずなので、この今の自分を構成するプレートの点を支える、上の正四面体に属する左下の点はペルセウスから来たものだということになります。黄色のオーラということで、これをタットワ色でプリティヴィとみなすと、つまりは現実の肉体を持つ、「いま・ここ」の地点ということになります。フルトランスのチャネラとか霊能者は、この隣の人格を呼び出し、その間、それと折り合いのつかない表の人格を仮死状態にしておくのです。

Ⅳ　透視の練習　4　チャクラの考え方

memo 4

　地球グリッドの最もシンプルなものは正四面体です。そして南極を底辺にしていると考えられています。当然、私たちがマカバを持つとこれに共鳴します。むしろ私たちが地球に住んでいる時には、下の正四面体がこれに共鳴し引き寄せられていると考えられます。

　また地表には正三角形のグリッドが散りばめられています。これは正四面体の細かい分割です。これはアカシック網と考えてもよいですし、レイラインやソングラインと考えてもよいのです。

　あるタロット研究家は、いつも地球の中心に三つのアームを伸ばすということを講座で教えていました。この場合、地上のグリッドである正三角形を設置し、底点を地球のコアに想定すれば、変形ですが正四面体ができます。これを生かすのは、上からくる正四面体です。上からくる正四面体がないのなら、下の正四面体はうまく機能しないのはいうまでもありません。

memo 5

　マカバは一つの頂点の反対側は、平面の真ん中になります。これがミとファの間の隙間を埋めるキーワードになっています。それは「一つの平面の構成要素、三つに対して、公平に距離を持つ第4の視点」です。それがあらゆる平面に対しても働きます。相対する正四面体は、常に相手の正四面体に対して、反対側から次の進化の手がかりを与えます。

　調和的な5度はミとシ、レとラですが、これはエニアグラムでは直線で結ばれた関係です。倍音理論ではこれらは自然的に発生する音です。これとファとソの合計三つの対角線は、それぞれ与える・与えられる関係で、疑問に対する回答、つまり求めるものに対して与える作用があり、真ん中の中心を二重正四面体の中心点とします。このエニアグラムの内部の線での関係は、力が流れ込んでいくルートです。

　鏡像関係は、互いの動きを実際に接触することなく、複写することを意味します。それはレとシ、ミとラ、そして与える・与えられる関係でも出てきたソとファです。これはエニアグラムでは、対照形の横の線で、エニアグラムには書き込まれていません。しかしそれぞれ足すと9となり、つまり単独の存在を二つに割ったような関係です。

　ソとファだけは、このミとシ、レとラの直接流れ込む電気的な流れと、レとシ、ミとラという、直接は関わらない電磁的な流れの両方に関与しています。

　マカバはどれを中心にしてもよいのです。既にそこでは地上的な意味での上下の位置座標手段に依存する必要はないのです。どれがサハスララチャクラでどれがムラダーラチャクラなのかさっぱりわかりません。さらにインターバルの原理がそれぞれの三角形に対して、3次元的な上空から働きますから、「どこに入っても、どこにも捕獲されない」のです。

　ペルセウスが、この捕獲されない強い力から脱出するキーワードなのかもしれません。ペルセウスは剣とメドゥーサの首を持っています。そして岩につながれたアンドロメダを救出に来ます。黄色のオーラに包まれた平面に捕われている小さな自己を、ペルセウスは違う平面に切り替えるためのスイッチとして機能する可能性はあります。

5 水晶透視以外での活用法

水晶透視以外でもリーディングで活用される アジナチャクラであるシとその他の音の関係性

　フォトリーディングのポール・シーリィは、一般的に紹介されているフォトリーディングを発表する前に私的に活用していた方法はもっと違ったものだったようです。臍から緑色のオーラを出して本を包むようにする。そして本を開かずに中を読むのです。この場合、臍とはマニプラチャクラです。一方で、開かない本の中を見るのは、アジナチャクラです。これはミとシの関係です。

　エニアグラムでは、マニプラチャクラに対応する2とアジナチャクラに対応する8は、内部の1428571のラインに属しています。アジナチャクラとスワディスタナチャクラというシとミの関係ではありません。ミはファに上がろうとしてあがきます。つまりは自分の範囲から外にあるものを追い求めます。しかし、スワディスタナチャクラに対しては有利な立場にあり、スワディスタナチャクラの川に浮く船となります。

　水晶透視以外でも、あらゆるリーディングで活用されるのは、アジナチャクラというシの音をめぐる関係でもありますから、ここでアジナチャクラ対スワディスタナチャクラという鏡関係と、今度はアジナチャクラ対マニプラチャクラという内部で線がつながっている違いを明らかにする必要はありそうです。

エニアグラムを見ることで
チャクラの相互の働きかけがわかる

　エニアグラムはとても不思議な図で、もともとは九つの数字が穿たれた円は、単独の三角形がきれいに三つ並んでいるものです。しかし、エニアグラムの場合、この３種類の、１・４・７の三角形、２・５・８の三角形、３・６・９の三角形が単独で存在せず、１・４・７チームと２・５・８チームが互いに４と５を介して、入れ替わるようにできています。相手に人質を置いているような感じで、その結果、二つの三角形は互いに交流を始めます。もちろん、マカバではこの二つの三角形が、上の正四面体と下の正四面体なのです。

　電気的なものは体内を直接流れ込むようなもので、クンダリニは身体の内部を上がってきます。これがマニプラチャクラにまで上がってきた時に、アジナチャクラはその流れの方向を本に向かわせます。一方で、アジナチャクラから指示を受けて下降しているビシュダチャクラはスワディスタナチャクラと連動して、スワディスタナチャクラの流れの方向を変えてしまいます。これがエニアグラムの内部の流れです。

　映像はスワディスタナチャクラの川を見ている。しかし働きかけはアジナチャクラからマニプラチャクラに伝えられ、マニプラチャクラはスワディスタナチャクラの川に沈没することなくそこに浮いて移動し、サーチする。しかしアジナチャクラは鏡像としてスワディスタナチャクラを見ています。見ているけど、働きかけはマニプラチャクラがします。

　一方、ビシュダチャクラは、そもそもエーテルレベルにおいてアカーシャのエーテルであり、それは総合的で限定されていない種類のエーテル波に関係しています。ビシュダチャクラの７はスワディスタナチャクラの１と

内部のラインで直結していて、エーテル的な生殖器としてのビシュダチャクラは、スワディスタナチャクラの川に波紋を生み出します。アジナチャクラは、自分は巻き込まれることなくマニプラチャクラで移動し、ビシュダチャクラはアクティベートしてスワディスタナチャクラの中に潜り込みます。

　この場合、わかりやすいようにマニプラチャクラは闇夜のサーチライトで、スワディスタナチャクラは素材が膨大に埋もれた川だとします。すると、アジナチャクラは見たいところを指示して、ビシュダチャクラは川の中に手を突っ込みます。とはいえ四つのタットワはすべてアカーシャの内部分割です。そのためビシュダチャクラは下から四つの土・水・火・風のすべての素材の源流に当たるのです。

　エニアグラムを見ていると、こんなふうに、チャクラに対して複数の座標軸で働きかける作用を考えることになります。見ている、働きかける、そして働きかけることが、見ているものを変化させる、というような循環が起こります。記憶は決して元のものを再現しない。思い出す都度、新しく編集しているのだという言葉を思い出します。見ていれば変化する。思い出すことは、記憶をいじりまわして、元に戻らないようにしてしまう。思い出してみると、もう話は変わってしまう。

　アカシックリーディングや透視は、実際の現実を正確に読むことはありません。関与した段階でそこに編集は入ります。これは占いの現場でよく発生することです。過去のことを指摘した時、そして解説しているうちに、相談者の中で心理的な変化が発生して、それだけで、既にこれまで思っていた意味が変わってしまうことが多いのです。変わってしまえば人生の過ごし方も変わってしまいます。

　覗くだけで変化するという意味で、透視内容に関して神経質にならなくて済むという利点もあります。手つかずのままにするには触れてはならな

いのです。しかし一度蓋を開いたのなら、そこで記憶は新しいリレーションを作り出してしまいます。このあたりの複雑な関係は、当たった・当たらないという議論にも反映されそうです。言ったらもう当たらないということもあるのでしょう。

リーディングの内容には編集が入る
近似値としてとらえることが大切

　シーリィが文字を読まなくても読書ができることを考えるずっと前に、A・E・パウエルは『神智学大要＜第１巻＞エーテル体』（仲里誠桔訳、たま出版）で、エーテル体、つまり「第二の身体」を使って書物の中の必要な章句の内容を読むことができると書いています。

　練習としてこれを試みてみましょう。これなら実用的な価値もあります。ここでは額からアームが出るわけではなく、臍から、つまりシーリィ式のものを試してみましょう。

　リラックスと呼吸をし、日常の意識から深いレベルに移動します。臍から緑色の光線が本の周囲を包みます。それは目的の任意のページに辿り着きます。目をつぶっていても、つぶっていなくてもよいでしょう。また問いかけが必要です。自分にとって必要な情報というテーマです。うまくいってもうまくいかなくても、ノートに記録をしておきましょう。

　シーリィ式だと、本が理解できた時には、緑色のオーラは寒色あるいは虹色に変わるそうで、変わらない場合には、まだうまく入り込んでいないということです。青色ならばマニプラチャクラで作用させていたものは、アナハタチャクラに上がったことを表し、紺色や紫色ならばビシュダチャクラに到達したことを表すと思います。

練習として、まず100回ほどノートに通し番号つきで記録するとよいでしょう。これは写真によるリモートビューイングの練習と変わりません。私の体験では、やはり写真を見た内容には編集が入ります。人物が右と左で入れ替わったりもするし、それ以外の内容は正しいにも関わらず、知らない建物が加わっていたりもします。寸分も違わずにリーディングするというのは、脳の構造としてあり得ないと考えてもよいと思います。常に近似値なのです。私たちが誰かの話を理解する時も、近似値で理解します。

私たちは密な存在ではなく隙間を多く持つ存在

　パウエルは、エーテル体を使って何かを見ると、例えば、レンガは透明になりその背後にあるものが見えるといいます。

　もともと物質は密なものではなく、どんなものでも極端に隙間の多い、泡のようなものです。私たちは原子の構造が、ごく小さな原子核と大きく離れたところにある電子雲で構成されていて、原子の全体と原子核の関係は広い運動場の中に、サッカーボールがぽつんと置かれたようなものだと教えられています。非常に大きな隙間があるのです。

　私たちが物質を認識している時は、この原子核や電子というところに、意識がチューニングされています。それは３次元的なレベルでの陰陽に分化した意識に同調していることです。その間の広大な隙間に私たちの意識が同調することはありません。というのも、３次元的な意味で私たちの意識は、この隙間には存在していないのです。脳が意識を作り出しているという話になると、ますますこの隙間に意識は存在し得ないことになります。

　物質はチューニングしているから、それが見えるのです。私たちの意識

は密なものではなく、とぎれとぎれのもので、自分を意識する瞬間はごくわずかなもので、大半は深い無意識あるいは不在の中にあります。いつもは寝ていて、時たま起きる老人と変わりません。物質も同じようにごくわずかなところに何かあり、それ以外のほとんどは空白ですから似ています。

　目覚めるサイクルは、物質が存在するサイクルと似ています。これは似ているというよりも、物質が存在しない時には、物質の反射によって初めて認識できる意識というものが存在できなくなるからです。つまりは物質にヒットして、反射が戻ってくる時に意識は発生し、それ以外の時には筒抜けに通り過ぎていて、何の手ごたえもないので、私たちは目覚めないのです。

　電荷のなくなった中和的な要素は、原子に捕まらずにこの隙間を突き抜けていきます。つまり中性的な物質から見ると物質は透明になり、ものを透過して遠くのものにまで突き抜けていくということが想像できます。しかしそのままだと、何もないところを通過していくだけなので、また遠くにある任意の物質に焦点を合わせるのです。

　その場合、プラスかマイナスの電荷を持つことで、物質の存在する領域に引き寄せられ、引き寄せられた段階で認識できるのです。私たちの意識が３次元的な世界にチューニングして、３次元的に目覚めるのは、この電荷に引き寄せられている時だけなのです。

水晶透視を行っている間は
肉体は空白となり映像しか見えなくなる

　シュタイナーは、エーテル体である「第二の身体」に意識を集中している時には、既に肉体は見えなくなるといいますから、これに近いことをし

ていることになります。オーラが実体であり、肉体は空白になって見えなくなるというのです。しばしば水晶透視をしている時に、水晶はエーテル物質の煙の中に埋もれてしまい、目的の映像しか見えなくなることがありますが、それと似ています。

　私はシュタイナーの本で、オーラしか見えず、肉体は消えるということを読んだ時には、まさかそんなことができるなんてと驚きましたが、水晶を見ていると、エーテルの煙に埋もれて確かに水晶は見えなくなってしまいます。特に手で包むと、手の中にある水晶とその周囲は濃い色に取り囲まれた空間になります。

　物質はエネルギー保存の法則によって因果関係で動き、また陰陽の引き寄せによって３次元的な領域からどこかに去ることはできません。しかし、この陰陽に引き寄せられない中和的な性質は４次元的な領域へ引っ込み、また３次元的な場所へ出現することができるという話になります。

　これは折り畳まれた次元というそうです。私たちの３次元的な通常の意識がそれを捕まえることができないので、私たちはそのことに無意識であり、寝ているのです。寝ている間はすべて不在です。３次元的な存在がすべてであるという姿勢を持つと、折り畳まれた４次元的なエネルギーは存在していないことになります。１日のうち１時間だけ起きていて、それ以外はずっと寝ているということを想像すると、寝ている間にあるものは認識できないため、その存在を否定することになります。私たちにとっての合意的現実とはこんなものです。

テスラ波、スカラー波、動物磁気、オド、オルゴン すべては気でありエーテル体の成分である

　交流発電機などを発明したニコラ・テスラの発見したテスラ波は、ロケット工学の専門家トマス・ベアデンによって「スカラー波」と呼ばれました。これらはメスメルのいう動物磁気と同じもので、つまりは気であり、エーテル体の成分です。ライヘンバッハは「オド」と呼び、またヴィルヘルム・ライヒは「オルゴン」と呼びました。

　マカバのできた身体において、アナハタチャクラは横に光が拡張しますが、それは身体の周囲のエーテル体を拡張し、電気・磁気という3次元的な法則を対消滅的に中和させて、本来の4次元的な力に回帰させます。それがバイロケーションのできる自由なエーテル体をより強化することになります。

　これらは古典物理学の範囲にある種々のエネルギーとは異なるものであるといわれています。極めて素朴な実験として、中国で気功麻酔の医師と患者の間に遮蔽物を置くというものがありました。患者に布団を3枚かけても気功の効果は変わりませんでした。次に患者を銅の金網で囲みアースしました。さらに医師と患者の間の距離を6mにしました。これでも変わりませんでした。医師と患者との間に木板を立てても、治療に支障はありませんでした。気功の治療効果の力は超音波、電磁波、紫外線、X線、赤外線などではないことがこれで証明されたといいます。あまりにも素朴な実験ですが、メスメルも最後には、遠隔にある人の治療を身振りだけで行ったといいます。動物磁気の力と自分の精神を連動させるのだそうです。

　これらは中性でなく陰陽化された段階で3次元的なものに引き寄せられ、透過しない物質へと変換されるのではないでしょうか。一つの次元におい

ての陰陽は一体化して中和元素になるとその次元から消失し、上の次元に繰り上がり、その次元の陰陽のうちの陰になります。またそのレベルで一体化して中和になると、その次元からは消失し、さらに上の次元の陰になります。一つの次元においては陰陽化されたものだけが認識されます。これは生命の樹の原理です。中和の結果のゼロはその次元から見ると「無」なのです。仏教でいうニルヴァーナ、無になるのも、この私たちの3次元世界から見ると無になるように見えるだけで、次の次元の陰陽の陰に組み込まれたことになります。

　私たちが、この3次元世界の電荷に捕まらない中性的な物質にチューニングできると、そしてまたその後、陰陽化されたものに引き寄せられると、私たちは「レンガを透明に感じて」その先にあるものを見るということになるのでしょう。中性の電荷のままであれば、レンガの先にも何もありません。選択性が必要になってきます。思いのままに陰陽の世界に降りてくる必要があるのです。

　私は一度奇妙な世界に幽体離脱したことがあります。そこでは光と闇しかなく、どこまで行っても、誰も何もありませんでした。あちこちを探しても何もないので退屈して戻ってきました。これは陰陽を突き抜ける中性物質に同調して、そこから見た世界ではないかと思います。

　3次元的なレベルでの陰陽の電荷の作り出す場の乱れは、ジャン＝ポール・サルトルのいう明晰な意識を作り出すに足る射出活動を促します。

「第二の身体」という4次元の体に移動してビジョンを見るには、この3次元の明晰さを眠らせて、中性物質にする必要があるので、「がんばってボケよう」といってもよいのです。また、脳波が低くなるとどうして高次意識が活性化するのかという謎も解けます。3次元的明晰、脳活動は休止に近いほど、中性物質が強まるのです。

⑥ 水晶、黒曜石、黒ガラスを見る

暗い部屋で見ることで視覚的な印象よりも
はっきりとオーラの変化が感じられる

　水晶、黒曜石、黒ガラスなどを見ていると、表面に白濁したもやもやがうごめいてきます。通常の感覚としての視覚意識が働かない方が見えやすいので、部屋を暗くするとよいでしょう。ろうそくの明かり程度が一番適しているという研究家もいます。

　メルキゼデクの話だと、調光器で少しずつ暗くしていくとエーテル体がくっきりと見える境界線があるそうで、それを模索するとよいそうです。暗い部屋で会話すると、相手の視覚的な印象よりもエーテル体やオーラの変化の方がはっきりとわかりやすくなります。その結果、相手の気分が変わると急に空気が変わってしまうとか、いつ感情が変化したかはっきりとわかってしまうという体験をします。例えば、それまで壁を作っていたのに、相手を受け入れるようになると、何か溶けるような状態に変化します。溶けたと感じ時、自分もそこに引き込まれるような感じになります。

　このもやもやした成分は、メスメルや他の研究者によると精神と連動しますから、水晶、黒曜石、黒ガラスで映像を見るというのは、印象をこの素材で映像として構築することになります。ライヒはオルゴンボックスを使って、箱の中に閉じ込め凝縮させて、通常の肉眼でも見えるくらいに濃くして、それをアルベルト・アインシュタインに見せました。この成分は、グルジェフやアリストテレスのいう生命の階段の下に向かって、振動密度が低くなり、物質として凝固の方向に向かいます。そのためライヒは、有

機物と金属を重ね合わせてオルゴンボックスを作りました。有機物は紙とか木ですからこれは植物です。

　透視の場合には、精神作用で、空気の中を自由にうろうろしているこの物質をかき集めます。空中に偏在する気の力を集積して、半物質的なものを作り出すということです。ライヒによると、こういう偏在するエネルギーが凝縮して、原始的な生物ができたり、また否定性を吸い込むと癌細胞などにもなるそうです。

上に行くほど高振動密度・低物質密度
下に行くほど低振動密度・高物質密度

　チャクラは、サハスララチャクラからムラダーラチャクラまで生命の階段のような構造と似ていて、上に行くほど振動密度が高く、物質密度は低くなります。また下に行くほど振動密度が薄くなり、物質密度が濃くなります。ムラダーラチャクラは物質そのものですから、その上のスワディスタナチャクラが、物質すれすれの濃さを持つエーテル物質に関係します。生命の樹ではこれは腰のイエソドです。

　マニプラチャクラは念力などに関係するといわれていますが、これはムラダーラチャクラから上がってきたクンダリニ、電気的な力が、スワディスタナチャクラで濃い気の成分になり、マニプラチャクラに上がってくる状態です。

　エニアグラムの対応で、アジナチャクラの「識」の意識はマニプラチャクラへの指令に変わります。アジナチャクラはマニプラチャクラへ、ビシュダチャクラはスワディスタナチャクラへ。なおかつ対峙する鏡のような関係では、アジナチャクラはスワディスタナチャクラへ。ビシュダチャ

クラはマニプラチャクラと綱引きをしています。上位のチャクラ群は下位のチャクラ群の濃い気を動かしますが、同時に、下のものは上の理解の仕方を変えてしまいます。

　私は、夢を見ていて、途中から目覚めて、それでも夢が消えない体験をしたことがあります。その時は、額の前にテレビと同じ比率のスクリーンがありました。そこで鮮やかなカラーの動画が動いていて、額からスクリーンまで光線が出ていました。また、ゴーッという大きな音がしていて、腰から脊髄を辿って、エネルギーが上がってきていました。そうとうに大きな熱量を持つ電源のようなもので、この電源のパワーが強いほど、映像はくっきり鮮明で濃いものだということを理解していました。腰に備蓄したパワーを空にしてしまいそうなくらい大電力を消費すると、映像はリアルになるのです。夢から目覚めてもまだ動画は消えず、しかもそこで立ち上がってもまだ消えなかった。そのくらい濃いものだったのです。

　気のエネルギーの濃さは、スワディスタナチャクラからムラダーラチャクラに近づくほどに濃くなります。幽体離脱体験で、思い切り濃い身体で飛び出した時には、それは濃すぎて、壁を通り抜けるのに大きな抵抗がありました。最も濃い身体は肉体です。壁にぶつかっても通ることはできません。もっと薄いもの、つまり振動密度が高く物質密度の低いものならば、壁はもう存在しません。

飛んでいる鳥の羽が動いていないかのように上昇気流の意志の力をうまく活用する

　映像は活用する素材の密度の濃淡により鮮明になったり薄くなったりします。そしてその間はグラデーションになっていて、はっきりと境界線が

設けられているわけではないと考えると、脳内で見るイメージは限りなく薄く、水晶を見て、見えるような気がするけど、実際に肉眼で見ているわけではない。さらにくっきりと鮮明な映像で見える、というような違いは、たんなる濃度の違いというふうに見てもよいと思います。

　そしてそれはムラダーラチャクラやスワディスタナチャクラの活用次第でもあるわけです。それぞれのチャクラは、それにふさわしい世界と連動します。そのため、この低い位置にあるチャクラが活性化するほどに、より濃い映像を繰り出すことができると思われます。もちろん、それらをアジナチャクラとビシュダチャクラが駆動しています。ハンドルとかスイッチ、指示盤は上の方にあり、下にあるのはエンジンとか発電機とか映画館の裏側で回っている大きな機械類です。

　下にあるものは上に上がりたいという意味では、強い意志で強制的に濃い映像を作り出す必要もなく、うまく誘導できれば、下のチャクラ、それと連動する空気中のオルゴンやオド、気はスムーズに動いてくれます。

　強い力を必要としないというのは、この映像化は「第二の身体」という素材を力技で集めるということではなく、むしろチャクラの進化しようとする衝動の上昇力を利用しているように見えます。つまり鳥がほとんど羽を動かさなくても、上昇気流に乗ってらくらくと位置を維持しているような印象です。

　特に、意識と映像は、同期を取ることで映像化されるように思います。2台の電車が同じ速度になった時、互いの電車が止まって見えるようなものです。あるいはアナログレコードでは、ストロボスコープで速度を調整していましたが、調整されるとストロボは止まるということを思い出します。私たちの精神の回転はこのエーテル体の波の回転と同期した時に見えるのです。そして自分の精神をそこに沈めて、埋め込むのです。

　これは下の正四面体が上の正四面体に同調すること、特にファとソの合

致のように見えます。つまりクンダリニ的に上がってくる気の力と意識として降りていく磁場的な力の同調です。

　これはまさに神秘的というか不思議な光景で、まだテレビのない時代、昔の人はこのようにしてさまざまなものを映して楽しんでいたのではないかと思います。

もやを見つめていると眠くなるが眠りすれすれでまた目覚める

　水晶、黒曜石、黒ガラスなどの表面に白いもやを見ていると、その後、映像が出てきます。しかしもやは見えるが映像は何ヶ月も見えないという人もいます。むしろこの方が多いかもしれません。何を見たいか、テーマをはっきりさせる必要があるのはいうまでもありません。じっと白いもやを見つめていると、脳波はどんどん下がっていき、入眠時に近い精神状態になっていきます。

　この場合、眠りすれすれの状態に入り、昏睡してははっと気がついて目を開くということを繰り返すと思いますが、この目を開いた瞬間に、水晶や黒曜石に映像が映っていたり、あるいはその前駆段階としての何かを暗示するような影が見えてくることは非常に多いのです。

　また水晶を見る視線の範囲を小さなところに置くか、水晶全体を見るか、少し位置が変わった時にも、ふいをついて映像が出てくるということもあります。この時に、まばたきをあまりしない方がよいでしょう。

　これを何度も繰り返して慣れてくると、映像を見る状態をキープできるようになりますが、それには大変な時間がかかることも多いのです。道を歩いていても、歩く人のオーラが見えるという状態は、この意識状態を習

慣化した結果です。それは生まれつきの才能が必要というほど大げさなものではありません。この精神状態をキープできたら誰でもできます。肉体をはっきり見ている時にはオーラを見るスイッチは切れています。しかし視線のフォーカスを身体よりも少し大きな範囲に拡大した時、オーラを見るモードになるという具合です。

　静止している人よりも歩いていたり動いている方がオーラは見やすいかもしれません。それは背景と区別しやすくなるからです。動いているとオーラごと移動しますから、オーラの境界線がどこにあるかわかりやすいのです。

　感覚を使わないといけないシーン、例えば、誰かが尋ねてくる、電話しなくてはならない、買い物したいなどの時には、当然この「第二の身体」の比率を減らすことになります。「第一の身体」でしなくてはならない用事が多すぎると、相対的に「第二の身体」のリアリティの比率は減ります。忙しすぎる人よりも暇な人の方が訓練はしやすいかもしれませんが、しかし忙しい人はメリハリをつけることもしやすいので、水晶を見る時間を毎日30分でも確保したりすると上達は早いのです。

水晶透視では一つのシーンにたくさんの意味が詰まっている

　私が事務所で行っている練習会では、一つの相談を複数の人が透視で見ることにしています。

　私は練習会をサポートしているだけなのですが、水晶を見るのは楽しいので、その間、ちょっと違う場所で一緒に見ていることもあります。あるテーマでは、しばらくすると水晶の中に次のような映像が出てきました。

黒服の男たちが駅のホームに整列し、一緒にお辞儀をしています。電車のレールが見えて、そこを電車が発車しようとしています。黒服の男たちは電車に乗った人に敬意を表しています。
　こういう場合、水晶での映像は、肉眼で見る映像に比較して、映像そのものにたくさんの意味がつまっているかのように思えます。黒服の男の様子そのものにたくさんの含みがあり、これらを全部解明し尽くしたくなります。
　一つのシーンでも、そこにたくさんの意味が重なっているために、たくさんのものを見る必要はないし、たくさん見ると混乱します。つまりシンボリックな光景が一つ出るだけでも十分ではないかと思います。
　質問をしている人はこの電車に乗りたいのです。電車は筒、蛇、気の正常な流れ、ソングライン、魂のクラスターです。黒服の男たちは、顔がはっきりせず、規格品のようで、この電車という秩序ある魂の流れの中にまだ参加できていません。ホームでお見送りするしかないのです。しかし電車は発見しています。発見はしているが乗ってはいないのです。
　私が水晶を見ていた時には、電車よりもまずはレールに目がいきました。このレールが大切なのです。これはアカシックの秩序ある流れの一つです。そこにスムーズに入ると、黒服の男は自分の人生を見つけ出します。すると、顔のはっきりしない予備品から、実在的な生き方に関与するようになり、そこでは本人に必要とあれば、質問された内容に関しても実現します。この段階ではまだ電車に乗れていないので回答は「ノー」です。
　この場合、黒服の男たち、電車という映像だけならば、他にもたくさんの解釈が成立しうるのです。しかし、見ている私という回路を通じて、この映像は出現し、そこに含みや実感、意味などが張りついていますから、他の解釈をするのは難しくなってきます。映像は解説つきで、その映像を見ていない他人が解釈することはできません。

この黒服の男たちと電車という映像だけを独立させ、それが生成されるまでのプロセスを無視すると、半年以内に上司が死んでその葬式に参加する、という話になるかもしれません。しかし意味を切り離して、映像を独立させ、映像に違う解釈を加えるというのは、水晶透視では非常に難しいでしょう。映像ができるまでの全過程を体験しているために、表象的な意味を違うものに取り替えられないのです。意味と表象がばらばらに機能して、偶然性が人生の中にたくさん入り込んでくると、気ままな解釈をするケースは増加します。それは人生をばらばらにしてしまいます。

　また、水晶透視の練習でたくさんのイメージを見すぎてしまう人もいます。これは、濃い映像に落とし込んでいないからです。ヘミシンクとかバイノーラルビートの時のように水晶を見ています。水晶透視のように、目を開いて、水晶の表面のエーテル物質をかき集めて映像化する場合には、低速でなおかつ重いので、たくさんのものを乱雑に見るというのは難しいのです。

　振動密度が高く、物質密度が低いほどに、映像は希薄で軽くなり、たくさんのものを見るようになります。頭の中に去来する想念をすべてイメージ化してしまうのです。腰から上がってくるパワーを利用して、濃い映像を見ようとすると、こんなことはとうていできません。

水晶に反射する風景の片鱗やノイズを利用し「見間違い」も積極的に使う

　映像を引き出す呼び水として、水晶の中にある具体的な傷、ヨゴレ、クラックあるいは背後の風景の反射などを利用することもできます。ロールシャッハテストとかあるいは雲の形を見て、そこに何か心の中にある映像

が引き出されるというのは、よく聞いていることだと思います。

　その時に、心の奥にある映像を引き出すきっかけになるわけで、つまりはみなが同じ傷の中に同じ映像を見るわけではありません。それに同じ傷でも、毎回違うものを見たりすることも多いのです。

　これは「見間違い」という現象を引き起こしている事柄です。つまり似たものがあると、心の中にあるものが自分の心の中にあるものと勘違いして、それをはけ口として表出してしまうのです。万年筆のことを思っている人は、ボールペンを万年筆と思い違いします。お化けのことを考えるとしだれ柳がお化けに見えてくるのです。

　心の中にあるものと似たものを見るとそこに投射されるという特質を利用すると、水晶の傷や反射などで何かを見るというのは、意図的な見間違いを利用する手法になります。

　そのためには、水晶はあらかじめそのような乱雑な模様のあるものを選んでもよいことになります。マクモニーグルは水晶は透明なものよりもクラックがある方がよいといっていますが、それはこのような理由からなのでしょう。

　無意識にあるものを見間違い現象によって表面化させるのですから、この無意識で受け取った情報が正確なものならば、既にこれだけで水晶透視は用が足りることになります。その人が個人の内面に閉じ込められていない状態ならば、既にこれで実用になります。閉じ込められていると、自分の個人的イメージを「ステンドグラス効果」で投影して、読み違えてしまいます。

　クラックやファントムなどをきっかけにして映像が引き出されると、その後、クラックなどは全く気にならなくなります。そもそも「第二の身体」の視点にシフトすると、肉眼で見る水晶球の反射とか汚れはもう視界に入りません。

そのため、初めは見間違いを利用することになりますが、その後は「第二の身体」の視覚に移動するということになります。

この後者のプロセスにつながるのだからこそ、水晶を使うのです。もし前者だけならば水晶を使う必要はありません。

水晶を見ている時の意識によって複数の階層の映像が出てくる

深い意識のレベルに入ると複数のレイヤーが重なるように見えます。これは、心の中にある映像がものに投影される時に、実は心の中にあるものは複数の階層があり、それらが投影された時にさらに奥に奥にと入り込むことができます。するとある段階からは個人無意識ではなく、集団無意識、さらに宇宙意識のようなものに重なっていくということになります。

これはその人が水晶を見ている時の意識の深さ次第です。非常に深いレベルに入っても昏睡しないのならば、それを見ることはできるでしょう。自分の意識状態が成立しないような深いレベルに入ると昏睡します。つまりそこにその人はいないのです。その場所の情報を持ってくることはできません。なぜなら、その人はいないのですから。意識は基本的には7層あります。

意識が深くなるにつれて複数のレイヤーが重なるということは、一つのイメージが出てくるだけでは話は終わらないということです。

一つのイメージの奥に次のレイヤーの層があります。それに至るためにブロックがある場合、そのブロックとは「個人が個人を成立させるために必要とする集合点は、ここから先に行くと解体してしまう」という領域です。

私はよく1～2時間程度道を見ていたり、ランプの灯りを見ていたり、

またお稲荷さんの写真を見ていたりしていた時期があります。このような時には洗濯機の渦を長い間見ることもできます。それはそれらの事物を見ているからではないからです。その事物を契機にして、心の奥からイメージと情報が引き出されてくるからです。そして「その時の意識状態次第で」いくらでも奥まで向かうことができるからです。最低三つとか四つくらいの層が重なります。一つの絵の奥にさらに絵があり、さらにその奥に絵があります。

　この階段を下りていくという作業をしてみましょう。つまり、水晶を見て、その傷によって、何かが思い浮かんだだけでなく、さらにその奥に何があるのかをじっと見るのです。水晶の奥を見るのではなく、意識の奥を見るのです。

　薄暗い所やリラックスできる所で行いましょう。夕暮れの時間は意識の隙間ができますから、夕日の光が見えなくなり、暗くなるまでの時間に水晶を見るというのは非常に適しています。そしてメモしてください。

　また、感覚が強くなる状態に戻るにつれてこれらの印象は消えていき、ただの反射とか傷しか見えなくなります。ですから、感覚と「第二の身体」の比率のコントロールということをこの行為の中で試してみるとよいのです。

　ここで重要なのは、静かで深い意識に到達することができるかどうかだけです。眠り込みそうになりながら、昏睡しないことです。

　またその人のイメージにはいつも癖があります。いつも同じものばかりを引き出している段階は、「個人無意識」とか「個人史」の領域です。個を超えた段階で、個人には受け止めきれないようなものもやってきますが、しかし個人無意識が悪いわけではなく、それはむしろ特定の情報に対して得意か得意でないかという違いなのです。

　事物に閉じ込められていない映像は、特定の時間・空間をはみ出して、

この3次元領域に影響を持ち込みます。そこで、人に対して影響を持っていますから、この映像を見ている間に反応してくる人がいます。それは自我のガードがかかっていない人や幼児、猫などです。

「見間違い現象」は現代では意義があるものと思われていない

　私たちがおびえている場合、それこそ風で柳が揺れるだけでびっくりするというのは、心の中で受け取っているものが事物に投影されるということですが、これは見間違いや錯覚であり、「それは真実ではない」と考えるのが現代の普通の考え方です。
　しかし真実ではないということはできません。それは「事物としては真実ではない」が、心理的には「真実である」からです。
　物質至上主義、すなわち感覚主義の場合、椅子は椅子でありそれ以外のものでないという感覚を根にした定義の世界観では、椅子に違うものを見るのは間違いです。心理的・精神的なものが中心になると、感覚を根にしているわけではないので、適時、さまざまな事物が「みつえしろ」として利用され、同じ事物が次々と地上的表現のための道具になります。精神はさまざまな物質に寄りかかります。椅子を利用して違うものを見ても間違いではありません。
　ある時代から物質と精神の間のつなぎ成分を除去するという習慣が生まれ、そのつなぎの空間がきれいさっぱり空無となりました。つまり事物と表象の間の隙間が切り詰められたのです。そうすると表象と事物は固定的な関係となり、何でも決まりきった使い方しかできなくなります。
　その結果、水晶を見ても、もやもやとした中間物質が減ってきてしまい

ました。例えば、数年前に私は狐に関する本（『日本人はなぜ狐を信仰するのか』講談社）を書きましたが、狐の資料などを見ると、昔の時代、実在の動物ともまたシンボルとも何ともいえないような中途半端な存在が登場します。例えば、戦国武将などが利用したといわれている飯綱呪法などでは管狐（くだぎつね）というものが登場しますが、これは明らかに実在の狐ではありません。それは風とともにどこかからやってきて、人の腹の中に巣食うのです。有害な場合もあり、取り除いて伏見稲荷大社の中に放ったというような書き方がされているものがあります。

　現代の私たちからするとこれは定義できません。実在していないからです。しかし象徴的には存在し、多くの人がそれを見たという場合、多くの人は象徴的なものを肉眼で見ていたことになります。現代ではこれをはっきりと「象徴的な幻像」とみなすと安心できますが、しかしそう割り切れるものでもないのです。狐は動物であり、また亜子町という巫女も狐であるという言い方を見つけるとますます混乱します。亜子町は巫女の女性であり狐ではありません。しかし伏見稲荷大社では命婦（みょうぶ）は狐であったりもします。

　こうした中間的なもの、つまり表象でもなく、また物質でもないような中間を漂うものは、後の時代になるほどに希薄になります。現代ではそれは存在しないし、それを主張すると心療内科に連れて行かれます。

　これは日本でいえば、仏教的な影響ということもあります。物質よりも高く、しかし精神よりも低い、中途半端な領域のものを「幽界」または「低次アストラル界」といいますが、これは明らかにエーテル物質に近いのです。仏教的な精神は、これらを否定的なものとみなすようになりました。

　しかし古代の日本でそれは有害でもなく、むしろ共同体を守る環境音楽のような、空気中に満ちた濃密なコーティング剤でした。どこの場所にも何かしらの死霊がいて、特に池や河原、山、神社の近く、墓場にはその空

IV　透視の練習　6　水晶、黒曜石、黒ガラスを見る

気が濃密に漂っていたのです。空白の薄い空気は存在せず、何かしらの気配が詰まっていて、どこを歩いても何か気配が伴うのです。つまり空気はオルゴン密度が高かったのです。

誰でも自分のエニアグラムしか認識しない 注意力を拡大させることが大切

　私たちはドラマを見ている時、音楽を必要とします。音楽は見えない波動で、それはムードを作り出します。存在はいかなるものも、実はこのオーラ・波動としての音楽のようなものを持っています。

　空気中の密度の高いエーテル波を迷妄として退けたのは、宇宙物質の音階的な連鎖の中で、途中の音を取り除いたようなもので、それは単一の世界を二つに分割して音階を二律背反的にしてしまったのです。つまり好ましい高次なものと好ましくない低次のものです。その根底には現世否定があります。現世は好ましくない低次のもので、ニルヴァーナはそこから去っていく高度な好ましいものです。

　この除去された中間物質は「第二の身体」の濃い部分ですから、水晶透視の場合にはこれをある程度取り戻す必要があります。そして水晶や黒曜石を見つめると、急にもやもやと意味不明な雲が漂うようになるとよいのです。

　もちろん誰でも自分のエニアグラムしか認識しません。だから、自分のその要素に対する注意力が拡大するとよいということです。この４次元物質はエネルギー保存法則に支配されていません。つまりは空無から呼び出すこともできるのです。無尽蔵と考えてもよいのです。

　精神と連動するのであれば、思想や興味、考え方によってそれは強まっ

たり弱まったりもするということです。実際に私は20歳前後に大量にオルゴンボックスを作り、またそれをさまざまな用途に使ってきました。非常に実用的でした。しかし、10年くらいして同じものを作った時、全くのところ何の効果もないように思えました。この時には、エーテル物質という「低い次元のもの」に関心が冷えていたのです。何かそこと接点を失ってしまったかのようでした。オルゴンは集められなかったのです。

　そのことに関連した話をさらに思い出してみます。

　私が20歳の頃に霊能者の友人がいて、その男性は私のアパートに居候していました。この霊能者がいると空気のあらゆる部分が濃密で、妖しい気配に満ちてきます。私はタロット占いを街頭でしており、ある時、新しい友人ができました。その男性も霊能者で、街頭で話しかけてきたのです。私のオーラが特徴的だったのでどうしても話しかけたくなったといっていました。

　この新しい友人は、居候している霊能者に比較して高度な振動密度に生きていて、UFOコンタクティのようなもので、親密に関わっているうちにねっとりと妖しい空気を醸し出す霊能者のことを嫌い、私に縁を切るようにいいました。その後、この新しい友人と長い時間をかけて錬金術実験などをしたりすることになるのですが、古い友人と縁を切った時、その夜に、獰猛な狼のような犬のような動物が私の周囲を回って、私を何度も噛む夢を見ました。実際これはかなり痛みがありました。つまり、古い友人の情念は夢の中では狼のようなものだったのです。

　古い友人は、パイプでタバコを吸ってしました。若輩者でパイプを吸うのはかなり奇妙ですが、私も影響を受けてしばらくはパイプの煙草を吸っていました。イギリスの幽霊の出ることで有名なあるホテルは、幽霊が出現する前にはパイプの煙草の匂いが漂ってくるそうですが、空気の中のエーテル成分やオルゴンはこうしたパイプ煙草の煙に何か親近性が高い

のかもしれません。

　古い友人の霊能者は、低次アストラル的な、動物磁気の力が得意分野で、瞬く間にどんな場所も、濃密でどんよりした重苦しい、いかにも何か出現してきそうな空気に変えてしまいます。新しい友人の霊能者は自力で生活できず、今でいうニート暮らしをしていましたが、それは低次の物質を嫌い、それと関わりを拒否することで着地できなかったのだと思います。

見間違いを積極的に活用したい人は低次アストラル体の力を補充すべき

　中間物質を増強したい時に、「意図的な見間違い」をすることは、そのトレーニングにもなります。表象は、その表現の道具に手近な「みつえしろ」を探し、極端に違わない場合には、それを借りるのです。未開の人にとってはジェット機やヘリコプターは辞書にないので、一番近い、奇妙な大きな声を立てる鳥になるのです。

　クラックのある水晶の中に誰か人が立っている。それは遠くで何か語ろうとしている。その話を聞きたい。彼は何を言っているのか。そのように見ている間に、急にそのクラックの影は違うものに変わり、新宿駅の近くのドコモタワーに変わる。あるいは机の引き出しの中のたくさんの小物に変化するというような変化も起こします。立て続けに乱雑に変化するのでなく、節目があると急に別のシーンに切り替わるのです。

　見間違い用法を積極的に活用したい人は、この中間物質としてのエーテル体、低次アストラル体、「第二の身体」の力をより補充した方が有利です。表象と事物の間の結合物質はそれらだからです。ハワイのカフナでは、エーテル物質は「アカ」と呼ばれ、べたべたしていると考えられています

が、日本でもお餅といわれるように粘性があり、表象と事物をくっつけます。転々と移動した場合にも、さまざまな事物に、それが結びつきにくいものでも、十分に力があれば取り憑くのです。

　折口信夫の『死者の書』では、処刑された大津皇子は顔が似ているというだけで別の女性に取り憑きます。幼児期に母親に恨みを抱くと、その母親という個別存在でなく、女性全部に投影されます。表象と事物があまり細かくない段階では、かなり大雑把に取り憑くのです。

　スワディスタナチャクラを活性化すると、私たちは海の中にいることがわかります。濃密な空気の中を漂う海です。それは霧や雲、川、「第二の身体」の素材です。これを否定して、空気を空無にしようとした試みが、私たちを精神と身体に二分し、いろいろな不具合をたくさん作り出してきたのです。二分したとたんにこの二つは敵対するからです。精神と物質というふうに二分して二律背反を作り出すよりも、すべてを振動密度の高いところから低いところまでのなだらかな階段にしてしまうグルジェフやアリストテレスの発想だと、この根本的な葛藤は解決しやすくなります。

7　水晶の周囲での手かざし

身体の周囲に出来上がる各層は月の軌道、惑星領域、恒星領域といえる

　水晶透視をしやすくするために、水晶の周囲に手をかざすことについて説明します。

① 1番目は、身体と数ミリのところにあり、密接な関係のあるエネルギーのフィールドです。ここでは、身体の生理的なものに直接影響を受けているために、心拍数が変わるだけで変化します。これはオーラとはいえないものです。骨からは遠赤外線が出ていると思いますが、こうしたものの影響もあるのではないでしょうか。純粋に物理学的なものとして認知できるものです。

② 2番目はエーテルフィールド、あるいは気・プラナのフィールドです。これは皮膚の周囲の2〜3cmから十数センチ程度の範囲です。青白い光に近いといわれています。呼吸などにも影響を受けやすいものです。チャクラや経絡から直接の影響を受けています。ここでは色を識別する必要はありません。エーテル物質はみな青白いと考えてもよいでしょう。

③ 3番目として、このエーテルフィールドの外にオーラ領域があります。これは呼吸とか生理的なことにはあまり影響を受けませんが、感情とか思考などの反映は即座に表れます。だいたい身体の外、1mくらいの範囲の輝く繭です。機械でなく、人が他人のオーラを見ている時には、この場所に人の顔とか何か風景とかさまざまなものが写り込みます。しかしそれは見ている人の記憶から引き出されたもので、オーラを象徴的に表すものですから、それはたとえにすぎません。そのまま真に受けることはできないものです。しかし、オーラのリーディングではこうしたシンボリックなものは大きな手がかりになります。チャクラや生命の樹などの位置情報と組み合わせることで、正確な読みができるのです。

④ 4番目として、この外側に「ライトボディ」といわれるエネルギーフィールドがあり、これは十数メートルあるいはもっと大きな範囲に拡大しています。感情とか思考の変化を直接反映することはなく、かなり安定したものですが、この場所に形成されるのがマカバです。そしてここが安定して形成されているのは、まだ何百人に一人程度で少数派です。個人の感情とか思考に振り回されている間は、3の輝く繭のところにその人のリアリティがとどまり、その外のフィールドは作りにくくなります。人間のリアリティは人によって違います。もっぱら関心のある領域こそが、その人にとって実用的で現実的な世界ですが、他の人はまた違います。しかしこのフィールドが、個人の行為の中にもっと深く入り込むためには、中間の伝達媒体の活動が必要です。特にこのライトボディの領域はエーテル体と共鳴しやすいと思います。

この四つの階層は外にいくほどに、感覚（身体）の影響から遠ざかります。たとえてみれば、1の身体とその周囲数ミリは物質と電磁気作用領域、2のエーテル領域は月の軌道、3は惑星領域、4は恒星領域と考えてもよいかもしれません。

　マカバは太陽系の外に飛び出すグライダーのような性質で、恒星のレベルということは、太陽系の太陽に照応するような作用を持っていることになります。太陽系の新陳代謝による風化を免れるので、記憶は継続することになります。マカバはその次元においての完全性を意味しており、そのレベルにおいて必要なものをすべて持つならば、その領域において風化はしないのです。

　輝く繭の領域でのチャクラ、生命の樹などの配置は4の領域で上下が逆転しますから、注意が必要です。4の領域というのは上が下に降りきり、下が上に上がりきるというような一体化が発生し、輝く繭の領域で成立する上下などの空間座標とは違ってきます。

　まただんだん時間が経過すると、マカバのそれぞれの頂点は惑星ではなく、恒星の影響力に入れ替わります。マカバの中心が恒星の場合には、それぞれの頂点は惑星です。マカバの中心がもう一つ上昇し、例えばコンステレーションのレベルになると、それぞれの頂点は恒星に変わります。まるでギリシャ神話のように、種々の星系で点描した空の絵のようなマカバができてしまうのです。

　マカバはグライダーですが、それ全体が飛ぶのではなく、飛ぶべき場所を集めたものがマカバです。そのため、マカバに乗って宇宙旅行をするということは、このマカバの中を移動することです。マカバは水晶のように六つの区画があるとみなしてもよいと書きましたが、この区画の内部移動がマカバの旅ということになります。中心軸が太陽に対応し、それぞれの頂点が惑星ならば、この区画移動は惑星の旅になります。

マカバを手に入れるとは、この地図を手に入れたことであり、それが自身を作り出す宇宙的な部品です。マカバの頂点のサハスララチャクラは、かつては北極星でしたが、すべての人にとってそれが北極星という意味ではありません。数千年前にはそれは竜座のトゥバンだったと考えられていました。

現在・未来を知りたい時は右手 過去を知りたい時は左手をかざす

　水晶を手で触ると、この四つのフィールドのうちの2番目の、身体の周囲数センチのエーテル体の反映を最も受けやすくなります。身体が持つプラナ、エーテルの力を借りて、水晶の呼応力を濃密にするか水晶との関係性を高めることです。

　朝倉三心は『水晶球占いのすべて』で、現在・未来のことであれば右手、過去のことを知りたい時には左手をかざすと説明しています。この場合、水晶を触るのでなく、手をかざすのです。

　「特別に強力な力を集中させたい時は、両手を使ってください。心の中で念じながら、球の上でゆっくりと手を動かしていると、映像も早く、はっきり見ることが可能です。手を廻すことと、呼吸とは、常にリズムがあうように練習してください」と書いています。

　ここで「映像も早く、はっきり見ることが可能です」と書いているのが、興味深いところです。エーテル体は映像を反射する「べたべたした素材」のお餅ですから、それらを人体から提供して濃くするというのも実用的な行為なのでしょう。

　エーテル体は身体の周囲数センチの範囲なので、その範囲の中に水晶

を入れてしまうとよいでしょう。また手で囲んでいると、この内部が気で満ちた空間になり、水晶が強く反発するような手ごたえも感じるはずです。そこに濃い色が集まり、けぶるように見えることも増えてきます。

　また両手で水晶を包み込み、そのまま手を回すと、そこに濃密な気が集まり、ねばつく塊のようになります。手を離したり近づけたりすると、糸を引く納豆のように、エーテル物質の線が延びたり縮んだするのが見えてくることも多くなります。そのくらい濃いものが水晶に入り込みますから、この場合、映像を見なくても水晶が通信装置になって、印象が受信されやすくなります。

　エーテル物質の基本原理として、3次元の「いま・ここ」という陰陽電荷による拘束から抜け出して、遠いものを運んでくることができるという原則を思い出してください。私たちの身体と感覚は、ごく身近な時空に、陰陽電荷の引き寄せで捕まえられていて、遠くのことはわかりません。しかし濃密なエーテルのエネルギーは、この地上次元においてのゼロポイントを通して4次元に入り込み、異なるものを引き寄せて、降りてくることが可能です。そして精神作用と連動します。ただし感情や知性ほど早く変化はしません。

　水晶透視はやや薄暗いところで練習しましょう。感覚の中で、私たちを最も強く捕獲しているのは視覚です。薄暗くなるにつれてエーテル体の方が見えやすくなります。鎌倉の杉本寺の本殿はとても暗いのですが、その中では仏像もものには見えなくなり、周囲に漂うエーテル体だけが見えてきます。巧妙な設計だといえるでしょう。

8 フォトリーディングに水晶を使う

流れはフォトリーディングと同じ
ポイントは周辺視野で見ること

　水晶を透視以外に使うもう一つの方法を紹介します。これはフォトリーディングのように水晶を扱う方法です。机の上にノートを置き、その手前、自分の身体に近いところに水晶球（あるいはポイント）を置きます。または左の脇でもよいでしょう。

　視線はノートを見ます。視線の端に水晶が見えるという姿勢がよいでしょう。手前に置いた場合、机の高さによっては、水晶は胸の前、みぞおちの前、臍の上あたりにきます。

　フォトリーディングでは、本の向こう側50cmくらいに視線を置いて、開いた本の文字に焦点を合わせないので、本の文字を認識することができません。さらに頁の中心は「ブリップページ」と呼んで、2本になってしまい、焦点が合わないまま全頁をリズミカルに繰っていくのです。

　こうすると、中心視野という意識的で考えることのできる脳でなく、周辺視野の一瞬にして記憶していく脳の方に主導権が握られ、本の内容はまずはフォト（写真）のように脳に転写されていくのです。

　水晶のメリットは、そもそも複屈折性により中心視野があたかも周辺視野のように逸らされていき、理性の監視をすり抜けることだったのですが、さらに水晶を周辺視野においていくという手法です。

　質問をして、その質問に関しての映像をサーチしますが、しかし水晶を正面から見ることはしません。必ず視線はノートです。そして視野の端、

左や下の方に水晶があるのです。

　これはねっとり鮮明な映像を水晶の中に見る方法とは違うのですが、たくさんの質問を早く処理できる方法です。またアポフィライトを横目で見るというのは、ホールの書いていることです。

　例えば、左脇に水晶を置いて視線の端に見える程度にしておくと、何かそこに浮かんでいるが、しかし水晶を直視できないので、もどかしい印象を受ける場合もあります。慣れてくると、見ていないようで見ているということが可能になります。こうした意識の分散というのは、さまざまなところでも重要な用法になってくるので、この脇に置くという方法で慣れておくとよいでしょう。

　私たちは自分という人格を維持するために、常に合わない情報を中心視野から追い出すという忙しい「監視活動」をしています。そのため、潜在情報は周辺視野にキャッチされやすく、中心部分は例外的なものが入ってこない代わりに、その分、周辺は高速処理をして、不足を補うのです。これを使う方法を考案すると、その人はスーパーな人になっていくでしょう。

⑨ クラウドを使う方法

映像がうまく見えない人は とにかくアクティベートすること

　水晶や黒曜石の中に映像を見るのはとても時間がかかると思います。また、ただ漫然と見ていると、何年も時間を無駄にします。というのも映像はアクティベートしないことには出てきにくいです。海のような膨大な情報倉庫から何か引き出すにはテーマを明確に打ち出すとよいのです。質問項目をはっきりさせる。何があっても質問の回答を得ることが肝心です。そのことで膨大な海のようなところから、特定の成果を引き上げることと、もう一つは目の位置から映像を水晶に投射するためのフォーマットが決まるのです。

　この時、鉄則があります。テーマを決めた場合、「そのターゲットに必ず100％接触している」ということです。既にその情報は手に入っています。しかしその回答がわからないという場合、私たちは意識の表面に引き出せていないことになります。引き出そうとしても、途中にブロックがかかるのです。

　この場合、映像以外の情報であることもあります。感触、匂い、色、気配、直観などで受け取ることもあります。どんな兆候も無視しないようにしましょう。

　映像が見えなくても、色が出てくることもあります。水晶をじっと見ていると、ある場所にいろいろな形で色の固まりが出現します。一番出やすいのは紫色や紺色、青色などです。また水晶全体が何かの色で染まって

いるということもあります。この場合にはその色で判断します。

　ものには何でもオーラがあり、水晶はエーテル体の増幅装置ですから、この水晶の周りやその中に色彩を持つオーラが表れてくるのは当然のことです。水晶は受信機ですから、そこに反映されるオーラを見ることは、質問に対する回答を得ることなのです。これを「クラウド」といいます。

色は感じる領域を表し 形は状況を表す

　色と形。これは色が波動、感情などを感じる領域です。形は、それを状況の中に封印していることになります。映像は色と形ですが、特に何かの映像という時には、形のことを示しています。つまりは具体的な状況です。しかし、色だけの場合には、そういう具体的な状況を提示しないで、それに対しての感情、すなわち傾向を回答していることになります。

　そこに形が備わった段階で、それは具体的な意味を示すことになります。この場合、映像はシンボリックなもの、あるいは具体的なものを直接表現します。

　シンボリックなものはより高次な領域のものを表示しています。具体的なものはより着地したものだということですが、この行き来ができる方がよいのです。行き来ができるとは「事物と表象を分離できること」というものです。これについては後で説明します。

　事物と表象を分離できない場合には、何か具体的な映像をそのまま真に受けることになるし、またエッセンスを引き出すことができないので、時に大きく勘違いします。真に受けるというのは、人が死ぬ映像を見たら、そのまま人が死ぬと思う人です。

それぞれのクラウドの色彩はタットワの定義と似ています。色の意味は世界中で比較的共通していますから、自分で判断してみてもよいでしょう。誰でも色の意味は知っています。

紫色

たいていは実現。意志が通る。また視点が大きい。癒し、治療。神経の沈静。アカーシャのタットワは紺色あるいは紫色です。つまりこの色は、小さなところに埋没しないで大きく見ることを表します。超自然的なものの助けがあります。

すみれ色は、霊性の発達なども意味します。

紺色

意志の力の実現を表します。これもアカーシャの色ですが、特定のテーマを突破することを意味します。特に知的な分野や研究的なもの、社会の中での競争、選ばれること、選択することなどでは前進的な意味を持つでしょう。

暗い色になるほどに強い集中力を発揮するか、それを必要とすることを表し、手ごたえや達成感があります。

青色

紺色に比較するともっと一般的な意味を持つことになりますが、しかし青色の丸は、風の元素を意味します。ですから、開けてくる、広

がる、私的なものから離れる、公平である、視界が良いなどの意味になります。

緑色

寒色と暖色をつなぐ色で、「つなぐ」という意味合いが強まります。つまりは人間関係、人に気を使う、配慮する、かまってあげるなどです。朝倉三心は他人からの頼まれ事を意味するとも書いています。思いもかけぬ友人や知人、親戚が尋ねてくるとも。緑色は中間的な接続的な意味を持つので、つけこまれるという意味もあり、他人から頼まれたことで無理な話、例えば、保証人になるなどは決してしてはいけないことでしょう。

緑色は人から相談を受ける人、教師などのカラーですが、そういう職業に慣れている人ならともかく、そうでない人ならば、行き過ぎによって負担が増えることもあります。朝倉三心は、ダークグリーンの場合には人に頼りなさいと書いています。

黄色

黄色は土の元素のタットワの色彩です。朝倉三心は、黄色は注意が必要だということを述べています。しかし、これは果たして一般的な意味かどうかわかりません。黄色に関する定義として、太陽の色としての発展、土のタットワとしての物質的な面の充実、また黄色い自動車や黄色い声というたとえがあるように、警戒心や狂ったものを意味することもあるわけで、朝倉三心の「個人無意識」の定義がこの３番目のものになっているのではないかと私は思っています。

後に説明するタットワの練習では、黄色の四角形を水晶の中に見る練習をします。このような練習をすると黄色のタットワとしての意味が定着することが多いので、黄色は警戒信号、つまりイエローカードというような意味はかなり少なくなってきます。ただし、太陽のような広がり感をうがって読むと、個人的なメリットを手放さなくてはならないケースもあるということです。

オレンジ色

　朝倉三心は、オレンジ色は悪い色と説明しています。もともとオレンジ色は思いやりや愛情などを意味します。しかし、例えば、夕日の色と見た場合には主体性の喪失の時間ですから、それは何かを失うことも意味します。子供の絵ではオレンジ色は甘えたい気持ちを表します。愛情不足をオレンジ色で訴えると浅利篤は説明しています。おそらく朝倉三心の解釈は、こうした甘え根性が招く不幸を暗示しています。「ルーズなことが凶運を招く」と書いているからです。

　建築物、車両には保険をかけること。金銭、印鑑の管理。借金の回収を急ぐこと。人との縁が切れる。知人の死。し残したことはないか徹底して思い出し、それを処理することで悪いことは避けられるということになります。

赤色

　朝倉三心によると、赤色は水晶占いでは最凶のカラーなのだそうです。事故、発病、別離、破滅などを意味すると説明されています。赤色は最も凝縮度の高い色彩で、これはタットワでは火の元素であり、

またマニプラという臍に対応します。そこでは下向きの赤い三角形が動いています。強いエゴを意味する色彩でもあり、この解釈は複雑です。つまり精神としては狭量さを表し、それが原因で衝突しやすいということを表します。しかしエゴの達成という点では一点突破的な意味もあります。

　日本はそもそも硫化水銀の朱など赤系統が重視された国で、日本のカラーとは赤色であると考えてもよいのです。金色は仏教のカラーで、古代日本式では金色よりも赤色の方が良い意味ですが、仏教伝来以後は金色も重視されたという変化を体験しています。狭い意味では達成、そして広い意味では敗北などを意味するというふうに、ケースによって使い分けるとよいでしょう。物質的な戦いに勝つ時には、精神的には敗北することを意味します。これは物質と精神は逆相になっていると考えてもよいからです。

白色

　あらゆるカラーを含んだものが白色です。そのため、これが分解されるとさまざまな可能性へと開花します。まだ分解前の全体的なものを持っていることになりますから、可能性は大きいとみなします。これが絵での白色だと拒否感などを意味します。しかし水晶の場合では未知数の可能性です。

黒色

　水晶でも黒色というのが出てくることはよくあります。カラーの中では、白色と黒色は次のオクターブ（虹の７色のような）との接続を表し

ます。黒色はより下のものとの接続です。何か連続性に裂け目が出てきて、未知のものが介入してきたことを意味することも多く、するとこれまでしていたことが中断したり、停滞したりすることもありますが、この未知の力が浸透し定着してくると、新しいエネルギーに変化するわけですから、それは力になります。つまり、成長を必要とする異物というふうに考えてもよいでしょう。

　単純に悪いという意味のものはこの世にありません。黒色自身はまだ見えてこない、解釈不能な暗点を表しますが、むしろそのことにわくわくする人もいるのです。

―――――――――――――――――――――――――――――――

　ここに書いてある色彩の説明は参考にはなりますが、しかしそのまま受け取ることなく、むしろ、見た色の中に入り込んでください。そしてそこに馴染んでください。すると、回答は自動的にその色彩に付随して得られるものです。いかなる印象もそれに解説がついています。

　さまざまなカラーの本がありますが、人により民族によりカラーの定義は違ってきます。したがって、本で読んだような、自分の「第二の身体」にはまだ浸透していないような知識では判断しない方がよいでしょう。

　一つひとつの色をどう感じるかというところから「自分のクラウド辞典」を作りましょう。

10　水晶透視の練習の本質

水晶透視は自分の内面を見ることではない
内面を掘り下げても正しいものは手に入らない

　精神世界とか哲学の領域で、人間の内面を見ることが大切だと主張する人がいます。内面の奥に行くと、個人の外に出る領域があるというふうに考えるのならば、それは正しいのですが、基本的に個人の内面を掘り下げても、そこで正しいものは見つかりません。

　どういう地域でもそれは真実ですが、この内面の中に至高のものがあるという姿勢は、ことさら日本人の精神構造にはあまり適していません。西欧的な歴史の中で形成されてきた頑固な個というものがあれば、そこに内面はあるかもしれません。しかし、個が明確でなく流動している日本人では、内面を覗いてもそれは日々変化するだけで、何ら確実なものはなく、二転三転するだけです。

　禅の十牛図は精神の進化の目安として使いやすいのですが、個が形成されるのは第七図です。それは「家」を作ることを表します。これが自己意識です。その後の第八図で自己意識は喪失します。自己喪失すると、その後に客観意識への探求が始まります。それは主体と客体が入れ替わったり、流動する第八図で模索されていき、第九図で完成し、それをもって町に入ります。客観意識というのは、自己というものを超えたところにあります。この場合、内面というのが成立するのは第七図の手前の段階のみで、第八図になると内面そのものが地盤が崩れてしまいます。個が崩れてしまうからです。

内面を追求する方法は自己探求という第六図から第七図の進化段階で、他の人にも役立つものを提供することはできません。あくまでそれは個人が成功することだけにしか意義を持ちません。

水晶透視は自己喪失に他ならない
いつもの自分に戻るには趣味を行うこと

　水晶透視、あるいはタロット占いでも同じかもしれませんが、内面を探索し、内面の中に蓄積されたものを見ると、それはいつでも同じものしか見ることはできません。それは本人が気がつかないけれど、他人から見ると、この人はいつも同じことをいっていると感じるのです。人格の個性は、個性を維持するためにいつも同じイメージを繰り出すことで自分を守ります。水晶透視ではここから脱出しなくてはならないのです。

　次に、この自己や内面という「閉鎖球体」に傷がついて、実際に外から印象が入り込むことがあります。この時には、自己という球体の外にあるものを共鳴的に受け取ることになります。それが真実のビジョンです。

　自己意識、すなわち内面で見る人は、人のことも全部自分の投影で見ます。常に自分の癖を相手に押しつけます。それではリーディングは不可能です。客観意識は自己というものが打ち破られた「自己喪失」の後で来るものですから、その場合には自己喪失に対して耐久度がある人が必要です。

　例えば、まだ自己意識が完成していない人、つまり第七図の「家」が作られていない人は、自己意識を形成するために努力している途上にありますから、このような時には、自己喪失体験は有害な体験で、積み上げてきたものを壊すようなものですから、それに抵抗します。そもそもこの自己喪失的な体験を良くない体験と思い込みます。時には邪悪なものとみなす

のです。この段階で、水晶透視は自分のことを見ているだけになります。

　私たちは、一つの自己を形成するためにたくさんの影の人格を闇に追いやっています。それに対して知らず知らずのうちに悪いものとみなす癖がついています。そのような人が水晶透視をすれば、ちょっとした影のものが出てきても、それを危機とみなすことになるでしょう。

　また、水晶透視は明らかに自己喪失なので、そこではいつもの自分の人格（小さな自己）に戻るための「装置」も必要です。そのためにはいつも馴染んでいる趣味や好みなどがよいのです。決まりきったものはすぐに戻る引力を持っています。例えば、釣りが好きな人は釣りをするとよいのです。

事物と表象を切り離すことで表象は独り立ちができる

　私たちは何かを見ている時に、そのものを見ているわけではなく、そこに張りついた表象を見ています。飛行機の意味がわかる人は、空を飛ぶ飛行機を飛行機と認識しますが、飛行機を知らない人は、それをどういう意味のものか当てはめることにとまどい、妙な形の鳥とみなしてしまうことになります。さらに鳥という表象を知らない場合にはもっと困ります。

　リカちゃん人形は、素材はビニールでそこに「リカちゃん」という表象が張りついています。私たちはビニールに注目しているわけではなく、リカちゃんの姿・形という表象イメージを見ています。しかしリカちゃんのことがわからない人は、ビニールに関心が向かいます。

　事物と表象を分離することができると表象は独り立ちします。それは事物の随伴性質ではないのです。これができるというのは、自分にそれができるということです。

つまり肉体と「第二の身体」を分離できる場合には、何に対しても同じことができるのです。3次元的な領域においては陰陽という電荷ですべてが成り立っていて、そこに同調することで私たちはこの3次元的な物質を認識できると説明しましたが、表象を分離するというのは、これから中性的な元素に戻すことができることを意味します。つまりは私たちが陰陽の電荷に引き寄せられないでいられるという意味です。自分にできることを他のことにも適用するので、自分でそれができる人は、あらゆる部分で同じことをできます。

　身体から幽体を分離して幽体離脱できるということは、そのまま何を見ても、ものから中身を解放できることです。肉体は魂のよりしろで、肉体が老いて使用できなくなると、また違うものに入り込むのです。しかし表象が独立できるならば、肉体という乗り物を必要としないということにもなります。

　私たちが相手にしているのは常にこの表象であって、事物ではないのです。もし事物を見ているのなら、リカちゃん人形を見てもビニールのことしか目に入りません。アナログレコードもビニールの平たい円盤です。

　人間は死んでしまうと肉体を脱ぎ捨てるので、残るのは表象的な存在性です。ここでは時間というものが消えます。なぜなら、時間は事物、すなわちよりしろとなった物質の方が持っているものだからです。

　表象の体験する時間は非常にゆっくりしています。3次元的に見るとそれは無であり、止まっています。あるいは永遠です。時間は陰陽の分裂によって発生するものなので、3次元的な陰陽が帳消しになってゼロ状態になるということは、時間がない世界に入り、それはより上位の領域において、異なる形で流れる時間においては時間があるということになります。

　水晶透視は事物から表象を切り離し、もう少し軽いエーテル物質に乗せ替える行為です。

「見たい」と思うものを 水晶の中にそのまま「見る」練習

　私たちが認識する3次元は陰陽に分かれているということは、言い方を変えると、見る・見られる関係が固定されていると考えてもよいでしょう。自分の身体がここに固定されていること。次に、自分の人格が持つ利害があり、この利害の上で見ているので、主体を捨てることはないのです。主体と客体は世界を二つに割ったものなので、主体の姿勢が変わらないと客体は変わりません。

　幼児期には、見ている自分と見られている対象が分岐する前の段階があります。このような時には、対象に容易に入り込んでしまいます。実は今でも、私たちは何か想像すると、その想像の対象に即座に入り込まれます。しかし肉体への自己同一化というものがあるので、それを防衛しているかのように見えるのです。あくまで肉体感覚にウエイトを置くことで想像したものが入ってくることは、物質が飛んできて、私たちを貫通するくらい馬鹿げた話に見えてくるのです。

　対象を見ている。それは私がここにいるから。次に、対象の中に入り込み、対象から、それまでの私を見る。そのためには、自分がいる場所にしがみつくのを止めなくてはならない。既に説明したように、陰陽化したものをいったん中和のゼロに戻し、異なる場所に二分させます。今まで見る場所にいたが、今度は見られる場所に入るわけです。

　このシフトは意識が消えるか消えないかという体験をします。私たちの明晰な「私」という意識は、表象・事物に同調することで成り立つので、見る・見られるという二極性に分岐する前の状態に戻してしまうと、「明晰さを喪失」して朦朧とした状態になるのです。

二極化から中和へ。中和からまた二極化へという行き来によって、夢見たものをそのまま見ることになります。私の体験ですが、ある時、疲労してソファでうたた寝してしまいはっと気がついて動こうとしたら、腕の中身だけが幽体離脱してしまいました。そこで私は見たこともない大きな指輪が自分の指にはめられていることに気がつきましたが、その後、また肉体の指に戻そうとしたら、慌てて戻したために人差し指と中指を間違えて入れてしまいました。そのため、いったんまた外に出してあらためて入れ直したのですが、これも二極化から中和へ、中和から二極化へというふうに行き来した時に、表象と事物の組み替えをしてしまったということになります。人差し指という事物に中指という表象を入れてしまったのです。または、中指という事物に人差し指という表象を入れてしまった。

　このようなことができるならば、私は薔薇を見ている。それを入れ替えて、薔薇は私を見ているというふうにできるはずです。これをさらに発展させると、赤い三角形を見たいと思うと必ず赤い三角形が出てくるというふうになるはずです。

　自分が乗り込んだ器や表象にしがみついていると二極化に縛られるので、ここでは、見る・見られる関係という視座を動かすことはできにくくなります。十牛図では、第七図で自己というものが社会の中で力を握る状況を表します。成功したり、他人に強い影響力を持ったりします。この段階では二極化に深く縛られます。しかしこの野望や欲望、利害、エゴが満たされるとそれは燃え尽きて、やがて第八図で二極化は中和に向かい、第七図の家が失われていき、主体と客体を入れ替えることができるようになる。それは、成功する私というのを手放すことができるからです。

これまでの人生を振り返ることも自己の縛りを手放すための練習となる

　水晶透視の練習は、はっきり特定の表象的な器に入っていた自分が解体し、違う表象に乗り込んだり、また戻ってきたりする操作をするので、意識が消えそうな領域に頻繁に行くことになります。二極化から中和に向かうと、時間の流れから脱落するので朦朧とします。そして、この二極化の守りが働かないので、あらゆる異様なものをかいま見るのです。

　見たいと思うものをはっきりと見るのは練習になるでしょう。主体と客体という二極化を中和して、どちらでもないものになり、また二極化して、それまでの位置関係を変えてしまう。赤い三角形を見たい時に、水晶の中に赤い三角形をくっきりと見ることができるとよいのです。これは人によっていろいろな工夫があります。例えば、小さな赤い点を作り出し、それが次第に拡大していき、大きな赤い三角形になる。自己催眠的に赤い三角形があるという確信を持ち続け膨らませる。

　知識で納得するとやりやすいでしょう。知識は常に安定した体験を確保します。主体と客体に二極化されたものは、そのどちらでもない中和的な物質に還元される。その時、時間のない世界に行く。そしてまた違う形で二極化できるということです。さらに、実はこのプロセスで前と同じような二極化に完全復元することはあり得ないということです。

　二極化から中和へ、また少し違う二極化へ向かうことができないとしたら、それは、今の自分の二極化の位置を固定したい理由や利害があり、それにしがみつくからです。生まれてからこれまでの経歴を思い返し、何にこだわるかということを回顧してみるのも助けになります。

　しかし、ある程度満足できる生活を達成することは、ますます助けにな

ります。誰でも達成していないことにはしがみつくからです。性別、つまり男性的であったり女性的であったりするというのは、この3次元世界において死ぬまでに演じ続ける二極化の役割です。本質的なレベルにおいて男性や女性というのは存在しないと考えた方が楽でしょう。それは地上においてのみ役立つのです。このどちらかに深く価値を置き、肩入れすると、もちろん陰陽の二極化に引き寄せられ、中和的な突き抜ける力には行きにくくなります。

　シャーマンの多くが性差をはっきりさせないのはこれが理由だからです。シャーマンは中和的な物質が使えないのならば、全く役立たずになってしまいます。男も女も地を這って生きています。中和的な物質は軽々と上空を移動するのです。

　性的な二極化から自由になるために、古い修行僧のことを思い出して、性的な禁欲をしようとする人がいますが、その行為はあまり役立たない場合も多いとグルジェフは説明していますが、問題は心の中での二極化だからです。特定の次元においての陰陽は一体化させてゼロという中和にするとその次元から姿を消し、一つ上の次元の陰に組み込まれると説明しました。この陰のままで、眠りこけているのは不活性の物質です。それは一度陰陽の交流を起こす活性化の方向に目覚めさせて、あらためて陰陽一体化により、ゼロ状態にシフトすることを学習しなくてはなりません。つまり、二極化させ、結合して中和にするのです。

五つのタットワを見ることで見たいものをはっきりと見ることができる

　五つのタットワは下から五つのチャクラに対応しています。むしろチャ

クラがそうした元素に同調しているのです。見たいと思うものを水晶の中に見る練習では、この五つのタットワの図形をはっきりと見る練習をするとよいでしょう。ゴールデンドーンという団体では、このタットワの二つを組み合わせて25種類の複合タットワを活用していました。

　また、図形は元素への導入の扉として使えます。図形を通じて入っていき、このエレメンタルの中でさまざまなものが展開されます。それらは自身のチャクラの中にも流れ込んできます。タットワの記号はその扉の形であるとみなすとよいのです。扉には文字が書いてある場合があります。

土　　黄色の四角形

　土の元素であり、また物質化、大地の底にある眠れるパワーと接続するということでは、ここでも強烈な潜在力が眠っていることになります。もちろんムラダーラチャクラに関連するのならば、黄色の四角形の中にさらにさまざまな図像や図形、生命が渦巻いています。しかし、チャクラではなく、純粋に土のエレメントに入り込むことを試みた方がより興味深いものが得られるでしょう。

　土の元素が十分に活用できない場合、例えば、四角形がよれよれしているとか、黄色が薄いとか、いろいろな兆候で手がかりが出てきます。

水　　銀色の三日月

　水の元素は結合し、関連づける。あらゆる情念や情操などがここで強く働きます。切りたくても切れないものやカルマ的な要素、深入り

したいこと、入り込むこと。この扉の中で種々の体験をします。結合するという意味では、何を引き寄せるかが、決まります。その人にふさわしいものしか引き寄せません。ここで怖いものを見ても、それは自身のことに他なりません。人間の形を構成していない、ひるこのようなものが見えたり、形に定着する前の「だま」、そして身体の一部の形というようなものもあります。この結合力を発揮すれば、何かと何かを結びつけていくということが可能ですし、また一体化、堅いものを流動化させる、生み出すということも可能なのではないかと思います。

　ただし、人間の愛情というものは、ちょっとほど遠い気もします。エレメンタルは人の感情ではありません。むしろ自然界の中の始源的な力だからです。それに問いかけてはなりません。問いかけてしまえば、相対性の中に飲み込まれていきます。三日月の形がなかなかできない場合もあり、違う形に変形していることもよくあります。

火　赤色の三角形

　強い活性化の力があり、個人の力を大きく拡大します。また三角形は運動性質なので、それは発展とか拡大などを促します。しかし土から始まった3番目としては、常に具体的なことに縛られます。下の点が、上で平面を作り出したという下向き三角形の図式で考えると、一つの場が動きの可能性を作り出したというふうに見るわけです。例えば、立っている人が両手をいっぱいに広げて表現しているとみなしてもよいわけです。一つの点が可能な限り手を広げています。

　水晶を透視して、この赤色の三角形を見ている時には、常に点が次第に大きな拡大をしていくということになりやすいのではないでしょうか。三角形はそういうものです。これを見ているということそのも

のが、既に拡大を促します。ビジョンはあたかも地上で何かの光景と見ているという具合に距離を持つことはできません。見ていることそのものが自身の中でそれを生み出し、増殖させていることです。

風　青色の丸

　青い空のように、どの個人にも所有されていない領域と考えてもよいでしょう。どこにもとっかかりの角度がなくなってしまいます。これがアナハタチャクラに対応するとなると、緑色の丸と青色の丸に分けてもよいでしょう。「？」は緑色で、「！」は青色です。

　青色を放置しておくと紺色に戻ってしまうので、青色に固定することに苦労するという人もいます。

空　紺色または紫色の楕円形

　これは青色の丸よりもさらに拡大したものとして、時間・空間を超えたものを意味します。つまりはアカーシャであり、どんな古いものもまた未来のものも、情報をそこから引き出すことができます。

　アカシックリーディングをしたい場合には、この扉を通じて入るのがよいでしょう。そこにまずは案内者がいるということもあります。私の場合には、しばしばこの楕円形が男性の顔に変貌します。仏教では虚空蔵菩薩(こくうぞうぼさつ)というのがアカーシャを表しているので、私はこの男性を虚空蔵菩薩とみなすことにしました。あまり具体的なことには関心がないのかと思ったのですが、答えないわけでもないようです。

　アカーシャを中心にして、その中にぶら下げるようにして細かいことを質問した場合には、それに対してリアクションはするということ

らしいのです。そのため、物質的なレベルに随伴するような形で、アカーシャのことを考えてはならないということでしょう。むしろ反対にすべてがアカーシャが中心であり、その分割したものが日常的な諸事に降りてくるのだと考えることができればスムーズです。そこでアカーシャを軸にして、さまざまな元素に入り込む場合には、外側が紺色の楕円形、その中に赤色の三角形とか青色の丸とかを入れた二重図形にするとよいのです。5種類の図形が出来上がります。

色彩と形の違い
色彩は感情を作り出すことができる

　水晶の中に色彩を見るというのは、「第二の身体」に移動した色彩を見るということであって、「第二の身体」は物質のように制限されているわけではありません。つまりそれは、特定の場・時に縛られていないのです。空間に滲んで広がっていき、さまざまな人の思いにも働きかけてくるようになるでしょう。

　また私たちは、このような印象に対しては能動的でなく受動的です。何か印象が来ると、それにそのまま従ってしまいます。しかし色彩を意識的に思い浮かべることができるというのは、感情を作り出す、意識の働く場を任意に呼び出すことができるので、それは自立性を刺激します。それは感情のコントロールができるということも表しますし、反対に感情のコントロールができない人は、特定の色を見ることができないということが判明します。

　色を見ることができたとしても、それを決まった形の中で見るというこ

とはさらに難しいでしょう。特定の色は特定の波動とか感情です。それはなかなか収まってくれなくて、広がっていることになります。その感情はどこか自分の居場所を探そうとします。それが形です。色が入る家が形です。

　形のある色を見るのは、それを特定の場の中に封入できるということです。赤色は漠然とした興奮と推進力です。しかしこれが三角形の中に入ると、特定の活動の場の中で、それを拡張できることになるのです。例えば、強い運動欲求があるがそれをどこで生かしてよいかわからない。しかしクロネコヤマトに行くと、毎日そこで走ることができる。これが形に入れた色彩ということです。漠然と暴れているのでなく、リングの中で戦うことができるのです。

　ある人の場合では、紺色のアカーシャを見ていくと、それは水晶や黒曜石からはみ出していって、自分の洋服に付着する場合もあるでしょう。場をわきまえず垂れ流すことです。どこの場にも関わりなく、アカーシャの姿勢や考え方、発想を持ち込むことです。何でも象徴的に考えてしまうことにもなるでしょう。

　タットワの図形に慣れてきたら、複雑な図形に色を盛り込んでみるのもよいと思います。それをはっきりと視覚化させましょう。

11 水晶の六つの世界

五つのタットワを組み合わせることで22枚のタロットよりも多彩となる

　イギリスのゴールデンドーンという現代実践カバラ団体では、タットワの瞑想にはタットワの記号を二つ組み合わせたようです。これで5×5＝25のパターンの図形ができます。これはタロットカードの大アルカナの22枚よりも数が多いので、比較的多彩です。25種類もの世界があり、それぞれそこに旅することができると考えるととても興味深いものです。

　タットワはチャクラに対応していました。そしてチャクラはマカバのそれぞれの頂点にも対応していました。このマカバの頂点は六つの人格のプレートを作り出していました。

　マカバの上の頂点はサハスララチャクラ、下の頂点はムラダーラチャクラです。この共通した二つの座標軸の中に6種類の面があります。また上部に、サハスララチャクラの点との関係で、6種類の三角形があります。下部にムラダーラチャクラとの関係で、6種類の三角形があります。長方形は四角形ですから、それは安定した世界であり、いわば、それぞれが種類の違うプリティヴィの元素を構成します。三角形の領域は、動作原理のようなもので、それは固定された世界を作り出しているわけではないと思います。

　一つの面、例えば、斜め上のレと斜め下のソの対角線を持つ一面は、スワディスタナチャクラの水とアナハタチャクラの風を持つので、これは銀色の三日月と青色の丸の組み合わせです。この場合、水を中心にした風

と風を中心にした水という2種類があります。上を中心にするか下を中心にするかの違いです。この相違は、水という世界の中において作られた縮小された風と、風という世界の中で作られた縮小された水ということです。つまり前者は風の元素が拡大しても水の範囲を超えることはなく、また後者は水の元素が拡大しても風の範囲を超えることはないのです。

　アナハタチャクラとスワディスタナチャクラは、いわば情緒や愛情、情念に対してのアナハタチャクラ的な拡張力や包容力を表し、風の元素があるのですから、一つのことに集中しないで広がっていく関係性を表します。水の中の風は関係の中で未来を持つこと。一つの愛着の中で、大きな可能性を感じるということです。風の中の水は、複数化する関係性という意味も出てきます。

　つまり、一つの愛情を拡大していくことと拡大していく中での愛情の種類が増加するという違いで理解してもよいでしょう。一つの道具をさまざまに使う人とたくさんの道具を買う人の違いです。

内側から見て上が右上の面は　右上が左下に支配権を主張する

　この一つの面の世界は、このタットワの記号で識別すると切り替わりができることになります。また60度隣はレを起点にしている場合には、シとのセットです。シはタットワに属することのないアジナチャクラです。

　アジナチャクラとスワディスタナチャクラのセットはエニアグラムの横の線の共通したラインで、このアジナチャクラとスワディスタナチャクラの領域は流動的で、常に何か変化が起きているような世界だと考えるとよいでしょう。

内側から見て、上が右上の面は、右上のものが左下のものに支配権を主張します。しかしこのマカバではすべて、上にあるものは下の正四面体、すなわち地球の四面体です。したがって、地上的なものが成長して、太陽からやってきた上の正四面体の力をコントロールしようと考えます。これは自由なものを捕獲するという意味で、捕まえられるターゲットは左下にあるものです。

　また上が左上になる面では、開放的な力を持ち、右下にあるものをより拡大したものにしようとします。このように考えてみると、上の音であるレ・ミ・ファの役割が、隣にある面同士では、支配・解放という両極に働くことを考えることができます。右か左に移動するかで、役割が変わるのです。

　この6面は水晶柱の場合にも、同一の意味が働きます。

1
- 右上レと左下ソ。
- スワディスタナチャクラとアナハタチャクラ。
- 銀色の三日月と青色の丸。

2
- 左上レと右下シ。
- スワディスタナチャクラとアジナチャクラ。
- 銀色の三日月と図形化されていないが、例えば目を描いた図形。

3
- 右上ファと左下シ。
- アナハタチャクラとアジナチャクラ。
- 青色の丸と図形化されていないが、例えば目を描いた図形。

4
- 左上ファと右下ラ。
- アナハタチャクラとビシュダチャクラ。
- 青色の丸と紺色の楕円形。

5
- 右上ミと左下ラ。
- マニプラチャクラとビシュダチャクラ。
- 赤色の三角形と紺色の楕円形。

6
- 左上ミと右下ソ。
- マニプラチャクラとアナハタチャクラ。
- 赤色の三角形と青色の丸。

　この記号を使って6種類の面を切り替えることになりますが、それぞれ独立した六つのサブパーソナリティとみなすこともできます。これは低次のマカバで、マカバ全体を「大きな自己」と定義します。地球のマカバは、そのように考えることができるでしょう。それぞれを惑星にした太陽系マカバでは、それぞれの頂点は惑星で構成されています。

　どれがどの惑星に対応しているのかを考えるのは難しい話です。マカバはチャクラと対応していますが、チャクラは生命の樹とも対応しています。しかし、生命の樹に割り当てられた惑星をチャクラに翻訳すると矛盾が出てきやすくなります。また、チャクラや生命の樹は古い体系なので、近代以後のトランスサタニアン、すなわち天王星や海王星、冥王星がもともと考慮に入れられていないのです。

　この近代以前の惑星を変更可能性があることを踏まえ、あえて対応させ

てみると、私たちは地球に住んでいるのでアナハタチャクラという集合点は地球にします。これはジオセントリックの占星術では、そもそも太陽に置き換えられます。下のマカバの部品は月、水星、金星、そしてアナハタチャクラの地球ということになります。すると、上のマカバの部品は土星、木星、火星、そしてまたソの音として地球になります。この地球も、ジオセントリック占星術では太陽です。この配当は、地球を境目にした外惑星と内惑星です。実際の太陽はこの惑星のそれぞれの水準と全く違う次元にあるのですが、中心の虚空とみなします。

　恒星のマカバでは、それぞれの惑星やチャクラに似た恒星が割り当てられます。例えば、パランでそれぞれの惑星に連動した恒星を考えてみるのも手がかりとしては興味深いかもしれません。ただし、4次元以上の世界観では、今日知られている天体図は真実のものではないことになります。発想法が全く違うことになりますから、3次元投影の宇宙図を無理に当てはめることもないでしょう。

3次元的発想は同レベルでの横移動
4次元的発想は陰陽の中和、消失、再出現

　水晶の形へマカバを投影するのは、上から降りたものは必ず下に、下から上がるものは必ず上にという配置の関係を記憶してください。そして上にある正四面体は下に入ることで、下から上がる正四面体を、あるいはクンダリニを開花させます。降りてくる正四面体はシ・ラ・ソしかありません。観察する、潜り込む、拡大するという3種類です。

　したがってこの6面というのは、上にある三つのチャクラであるアジナチャクラ、ビシュダチャクラ、アナハタチャクラと下にある三つのチャク

ラであるスワディスタナチャクラ、マニプラチャクラ、アナハタチャクラの組み合わせにすぎません。

　それぞれの面について考えるのは複雑なので、とりあえず、六つの面が成立すると考えるとよいでしょう。

　全体としてはムラダーラチャクラとサハスラーラチャクラの軸をめぐる回転ドアですから、それは真の意味での外の世界を表しているわけではないようにみえます。しかし通常の一つの人格はこの回転ドア全体さえ行き来できず、一つの面のみに固執して人格を形成します。いくつかの次元にまたがる複数のマカバの関係では、種々のコスモス範囲をシフトするので、マカバ内部の移動は閉鎖的と考えることはできません。

　重要なのは、隣に移動するのは共通の支点を活用するということです。二つの支点で一つの人格が構成されており、そのうち一つを入れ替えることで隣にシフトします。この切り替えはすべての共通した頂点であるサハスラーラチャクラに移動し、そこから降りてくるということになります。またムラダーラチャクラに共通してつながっていますから、クンダリニという活力はすべてに共有されています。

　仏教ではこれを六道輪廻といい、これらをすべて平均的に発達させれば、このマカバは地上から離陸すると考えるわけです。離陸するといっても地球から去るわけではありません。よその宇宙は空間的に離れているというわけではないからです。むしろすべてが重なっていて、それはあたかもラジオのように周波数の違いという形で重なっています。

　どのリアリティに重心が移動するかということであり、あちこちに移動するという考え方は、むしろその発想がこの３次元世界に釘づけになっているという意味になります。３次元発想は同じレベルを横に移動します。しかし、４次元的な発想は陰陽が中和され、消失し、また出現するという理屈です。

複合タットワの図形を映像化することで日常生活にも強い変化が起きる

　興味がある人はポイント水晶を手に入れ、このポイントが持つ六つの面を一つひとつ見てみるとよいでしょう。それぞれの面はタットワ記号で識別します。何か印をつけないと後でわからなくなります。あるいはポイントの下に下敷きを置いて、そこにマークをつけてもよいでしょう。自分の松果腺と共鳴し、またマカバとも共鳴するはずです。

　この６面だけでなく、25種類のタットワ複合の図に入り込んでみるのも興味深い練習となります。子供から見た大人というのと、大人自身にはかなり違いがあります。しかし共通点もあります。火の元素そのものと水の中から見た火というのはかなり違うことがわかるはずです。６面の隣への移動はこの立場を逆転させます。。

　二つのタットワを図形として組み合わせて、これを水晶の中に明確な絵柄として見る練習をするとよいのです。陰陽から中和へ、中和から陰陽の再配列へ、というプロセスは、実体験としては朦朧とした意識状態で気絶のような隙間が入ることになりますが、しかしこれは意識の根源に迫ることなのでリフレッシュ効果もあります。意識の根本的な源流回帰だからです。意味を考えている時には、あまり強い影響力はないのですが、図形の記憶だけが残り、その意味を記憶喪失した時に、図形の力は動物磁気のレベルで強い力を発揮します。それは空中に発信されているのです。そして親近性の高いものを引き寄せます。この４次元的領域では、似たものは引き寄せあうことになるからです。

　朦朧とした状態・気絶状態の後でまた陰陽に戻る時に、その朦朧・気絶の前の意図が反映されるので、まずスタート時点で強いメッセージや意

図、問いかけを強めましょう。その後、暗転が起きた後でその意図の成果が視覚化され、目の前に見えることになります。

　むしろ朦朧とした意識喪失を引き起こしたのは、強い問いかけが原因というふうに考えてもよいのです。私たちは自分の人格を維持するためのバランスを保って生活しています。しかし、このバランスが維持できなくなり、いわば私たちの生活の基準の円（心理的な保護の円）を突き破って、その外に意図がはみ出した時に、それに応じた映像イメージを肉化させます。

　このバランスの円を突き破ったのだから、意識喪失を起こすと考えてもよいのです。つまり、意識喪失を起こすくらいに強い集中をしてみるとよいことになります。

　複合タットワの図形をくっきりと映像化してみるという試みは、一つの図形について数日かけてもよいのではないかと思います。その時に、そのタットワの力を刺激していることになりますから、生活にその変化が必ず発生します。その効果を覚えてしまえば、言葉とか思いを直接発信するよりも、この図形に託してリアル化する努力をした方が、実生活には効果が早く出てくることに気がつくでしょう。

　私たちは意識的な意識で自分たちを監視していますから、この監視をすり抜けるには、意味を忘れてしまった図形の方が早いのです。そのメッセージは低自我にすぐに届くのです。

V
水晶透視のテーマ

本書でこれまで説明してきた水晶透視の仕組みや練習法などを踏まえて、以下に、いくつかのテーマを上げておきます。一つのテーマに絞ってやってみてもよいですし、テーマを複合してもよいでしょう。

死者に会う

　死者とは肉体を失った魂魄（こんぱく）の存在です。感覚的な領域とは接続を切り離した存在です。やがてエーテル体を捨ててより高次な領域にシフトする人もいれば、しばらくはエーテル体を持ったままという場合もあります。私たちの感覚的な身体を捨てて、もう一つ次元が上の幽体、エーテル体、低次アストラル体、竜宮界の身体にシフトした場合には、3層のうちの一番下の部分がそこに移動するので、中自我と高自我は底上げされ、全体として今の人間よりは進化した存在になります。

　しかし、正しくはこれは死者とはいえず、死者はむしろ感覚の身体が失われて、その後、3層が構成できない場合には、違う存在とか集団とかに従属することを意味しています。

　地上に生まれることを終えて、つまり輪廻が終わったという場合でも今度は次の段階での輪廻というものがあり、例えば、地球上での輪廻が終了すると太陽系の輪廻、次は銀河系のというふうに考えると、死んだ後で消失するわけではないと考えた方がよいのです。

　死者は肉体を切り離したものですので、これと会うには、自分もそのようにできる人は得意です。つまり事物と表象を切り離すことができたら、死者を認識するのはかなり素早く可能でしょう。

　興味を向けると必ず対象は飛び込んでくるという原則でターゲッ

トを決めると、それはもう既に接触しています。それをどう情報化するかということです。相手は意識でもあり、それは対象として認識できないでしょう。むしろ、誰もが自分自身として認識することもあります。自分の思いや思考、感情が何か自分らしくないものに変化します。そこから離れた時に意識化できます。

シュタイナーの考えでは、私たちが自分の12分の1を相手に捧げることで相手とコンタクトできます。12分の1以上のものを提供すると相手に乗っ取られます。つまり、まずは12分の1の一体化をし、次に分離となり、自分に戻るのです。その時に自分のこととして認識しているわけです。一時的に感情が不安定になったりしますが、それは離れる時の運動でもあります。

4次元的な世界では空間の特定性から解放されているので、同時に複数の場所に出現することは難しくありません。

地球グリッドからアカシックに入り込む

水晶透視はすべてこの形式に従っていると考えてもよいと思います。地球グリッドは三角形を張り巡らせた網の目で、その元にあるものはプラトン立体です。これは地球のエーテル体といえるもので、つまりは3次元の領域から見ると、無の場所から3次元に出現した4次元との通路と考えてもよいものです。

私たちは3次元的に考えた時に、この網の目がアカーシャという過去から未来にわたる宇宙の記録を持っているということを理解することができません。というのもエネルギーのグリッドは送電線のようなもので、それは無機的なものだと思うからです。この地球の

グリッドに同調すると、集団無意識的な想念や記録などがなだれ込んできます。箸墓の巫女は日本のグリッドの太い線上にある三輪山に接続していたのです。水晶はこの接続が最も得意な鉱石です。

地球グリッドのより太い線に行くと、情報回路はその分、太くなります。そのため、神社とかパワースポットに行ってみましょう。そこで水晶を持ち、リラックスと呼吸法で深いレベル、つまり「第二の身体」のレベルに入ります。水晶を持参して行うとうまくつながりにくい隙間を埋めてくれます。インターネットがどこのノードからでも入れるように、このネットワークのノードからどこにでもつながることができます。

過去のリーディング

アカシックの記録庫に入るとそのままリーディングできますが、そもそも「第二の身体」の側での意識が連続すると、そのまま記憶というものは出てきます。夢と実生活という対比で考えると、夢の活動は「第二の身体」に乗った時の活動です。また起きている時は感覚に乗った時のものです。感覚は死ぬと消失しますから、感覚、すなわち物質的な肉体を伴って生きている状態では過去の記憶を読むことはないし、また記録もされていません。

夢の活動をする「第二の身体」の側はかなり古い記憶も持っています。ですから、この領域での連続性が大切です。夢が切れ切れで、感覚の生き方の側は連続しているというのが普通ですが、これは明らかに本末転倒です。本来は夢が連続していて、日常の生活が切れ切れであるというのが正常です。

シュタイナーの話によると、アトランティスの時代の人間は寝ていても、意識が連続していて、記憶が続いていたといいます。これはまだ今の時代に比較して感覚がそんなに重くなかったということも大きいでしょう。現代の感覚というのは小説で取り上げられる「鉄仮面」のようなものなのです。

リーディングができるかどうかはその人の意識状態によります。レイヤーの話をしましたが、一つの層のことを読んでもそれで終わりではありません。しつこく続けるとさらにその下のレイヤーがあります。

未来のリーディング

「第二の身体」は、未来と過去と相互に触手を伸ばすことができます。そこで、未来に関するリーディングを練習して繰り返すとよいでしょう。リアルなイメージが出てきて、それはそっくりそのまま未来のことを示しているということはよくあります。しかし、断定するとその自分の姿勢に振り回されてしまいます。

「第二の身体」は前後の幅を持ち、滲んでいると考えてください。時間の領域で、肉体はこの今の時間にのみ存在していて、はみ出していないと考えます。「第二の身体」は身体からはみ出している。時間もはみ出し、時間の枠に滲みを作り出しています。そのため、それらを見てとることができるのです。遠くなるほどに曖昧で、半年程度ならばかなり確実なものを読むことができます。

これに関しては日記のようなものを書き、その後、確認してみるとよいでしょう。ヘミシンクはイメージが脳内で見るだけですから、

すると水晶透視に比較して軽いノイズのようなもの、思い過ごしというのも見てしまいます。ヘミシンクで未来のことを読むというのはよくしますが、水晶でも同じです。ノイズが少なくなるという面があります。

太陽系の外へ行く／源流へ回帰する

　エドガー・ケイシーは、地球の人間は太陽系の惑星の体験を一通り終えると太陽系の外に行くことができると説明しています。この場合、通過する扉はアルクトゥルスです。それを通じて太陽系の外に行く時に、人によって特定の星系のコースを辿ることになります。民族やグループ魂には、そうした特有のラインがあり、アボリジニがオーストラリアの大陸にソングラインを作っているように、星系の道のようなものがあるからです。

　水晶柱にも似たマカバの頂点は一つずつ、惑星レベルから恒星に置き換わります。するとこのマカバの地図の中を行き来できるということになります。太陽が中心の場合には、このマカバはそれぞれ頂点が惑星に対応しますが、一つ次元が上の、頂点が恒星になるマカバの場合も、それぞれの頂点の恒星の特質は、惑星とどこか類似したものになるはずです。そして、元はチャクラの構造と似ていることになります。

　つまり、構造は同じで、それが地球の範囲か、太陽系の範囲か、銀河系の範囲かということになるのです。同調したレベルの情報が流入し、そしてそこを最も現実的な世界と認識します。

探し物または占いとして使う

　この場合、ターゲットを明確にします。このターゲットという問いかけがはっきりしているほど、回答ははっきりしてきます。基本的に探し物とか遠隔のものを見るというのは、エーテル体のバイロケーションで行われます。

　リモートビューイングは、かなり細かいところまで映像化して見ることになります。このような身近なレベルのものを見るには手かざしで、手の第2フィールドのエーテル体を混ぜて使うのがよいのではないでしょうか。

　練習する時は、いかなるものもノートに記録しておくことが大切です。

チャクラ診断

　誰かのチャクラを見るというのは比較的容易で、少し練習したらだいたい誰でもできるようになります。ただし、常に自分を基準にしか判断できません。

　例えば、アナハタチャクラが強く広がっている人は、それを基準に見ますから、そこそこ機能しているものを見ても、あまり強くないと思うでしょう。また自分を投影することも多くなります。これをステンドグラス効果といいます。ガラスの模様を、外部のものに見るのです。そのために自分の癖をつかんでおく必要があります。またサハスララチャクラが機能していない人は、機能するとどうな

るのかわかりませんから、他人のサハスララチャクラを見ることはできません。

　どんなベテランのリーダーでも、ステンドグラス効果をゼロにすることはできません。世界観によっても変化するからです。どこかに純粋に客観的な見解があるように思うかもしれませんが、どこを探しても、どこにもそれはないでしょう。近似値ならば共通の見解というものは作れます。

　チャクラの診断は、順番に下から見ていきますが、一つひとつをメモしていき、時には絵を描いたりして詳しく記録するとよいのです。また、自分で自分のチャクラを見るのは判断の基準がなくなりますから、難しい場合が多いでしょう。

メッセージの伝達

　誰かに対して送信する場合、これも一度だけでなく繰り返し行う方がよいでしょう。ほとんどの人は、知らず知らずのうちに無意識に、リラックスしたりした時に、この送られてきたイメージを何かの映像に置き換えたりしながら、受信します。例えば、天体の影響もこの何かのイメージに置き換えて、想起します。

　人から送られてきた場合には、常に自分を思い出すことになるでしょう。実際には非常に頻繁にこのように思い出すのです。それに対して受け取った人は、それにむやみに従うことはありません。身体の左で受信し、右はそれを受け取っていません。受信した事柄に対してどう対処するか心の中で決定するでしょう。

　また、想念の濃さというか、振動密度が低く、物質密度が高いも

のになるほど、強い押しを持つようになります。ただし、思うというよりも、強い感情を伴うことです。さらに濃くしてエーテル物質に乗せると、伝わりやすいのですが、行きすぎると呪いになってしまいます。

架空の世界を作る

　架空の世界を作るというのは、繰り返し一つの振動の領域にあるものを作り出し、他の人も確認できるようにすることです。

　有名な神社などの力は、集団の投影によってより強化されます。歴史のある出雲大社や伊勢神宮は膨大な人数の人の想念によって強められています。

　一つの世界は陰陽の電荷を持ち、それらが中和に向かうとその次元では消えてしまい、次の次元に回帰するという原理です。この架空の世界は4次元的な領域に作られますが、3次元の事物よりも長生きする場合があります。上位の次元は風化しにくいからです。

有害なものを取り除く

　自分を有害なものから防衛しようとした時には必ず失敗します。防衛が強いほどそれを打ち破りたくなるからです。これはパソコンのセキュリティのようなもので、強いほどにハッカーやクラッシャーは挑戦したくなります。

　何か有害なものがあると感じた時には、それに反応しないで素通

しにするのが理想的です。この場合、陰陽の引力に対して中和的なゼロのエネルギーは、陰陽の引力に引き込まれることなく、その隙間を通過するという原理です。そして陰陽の中和は、次の次元の陰となり、そこでの陰陽が中和になると、次の次元の陰に変化するのです。

　その意味では、何か脅威になる、気にかかることがあれば、それは自分がその陰陽の関係に引き込まれる接点があることを意味します。そしてそれに対して自由になるのは、動きをブロックすることでなく、中和原理にシフトすることです。

　陰陽を中和するには陰陽の両方が必要です。陰陽のうちのどちらかを取り除こうとするとゼロは手に入りません。

　また、平和で変化のない状態を好むという時、これを陰の原理の性質とみなします。つまり、ゼロは次の次元では陰とみなされるのです。無気力で何もしないことを好むというのは、その次元においての陰原理の側にいることです。それでも迷惑を受けてその場から逃げ出すと、その下の次元に入ることになります。

アクセサリー作り

　アクセサリーはオーラの継続的な調整用として作るとよいでしょう。身体の上に作るストーンサークルは毎回作らなくてはならないので、ある程度パターン化したものとして布に縫い込んだり、あるいは樹脂で固めてしまうと、繰り返して同じパターンを使うことができるのです。

　鉱物は気とか動物磁気の焦点になるということを考えると、それ

を幾何図形的に組み合わせることで、特定の磁力を発振することになります。そしてそれに感情パターンとかエーテル体は影響を受けることになります。文字を作る、図形を作るというのが基本です。

　また、粘土の上や人形の中に埋め込むなどいろいろ応用は可能です。もし気の力が集まる幾何図形ができるということならば、それは見えなくても働きかけができるという理屈になります。そのため、見えない場所に置いておいてもそれは働きかけをすることになります。これらは忘れた頃、強い継続的影響を発揮しますから、試すには１年くらい置いておくとよいでしょう。これらは物質的・感覚的な面にはあまり影響を持ちません。考えを混同すると迷信になってしまいます。

　また、小さな水晶を組み合わせて持ち歩き用のストラップとかにした場合、数の意味が働きますから、総数がどの数字になるかを考えましょう。

おわりに

　水晶で見る世界は、エーテル体といわれる磁力の身体で見る世界です。それは通常の感覚で認識する知覚に比較すると高速です。これは光よりも早い世界と光よりも遅い世界というふうに分類するとよいかもしれません。

　電磁波や光の領域は横波の振動を持ち、このエーテル体は縦波の振動であるといわれています。横波が左右に揺れて遠回りしている間に、縦波は紆余曲折なしに進むので、それは非常に早いといわれています。縦波が横波の持つ紆余曲折に捕まると、この縦波も横波クラスに遅くなります。この紆余曲折の螺旋回転運動が、陰電荷と陽電荷の振れということになるのです。

　散歩をしている時にいろいろなお店のショーウィンドウが気になり、あちこち寄り道しながら、長い時間をかけて目的地に到達するようなものだと考えるとよいでしょう。

　しかし、未来を見たり過去を見たりするには、時間の進みよりも早い速度で動かなくてはなりません。そして早く動くと因果律の逆転などが生じます。慣れていない人はここでパニックを起こします。混乱のさなかでは、例えば、10年前の記憶が昨日よりも近いところにあるとか、記憶と時系列のリストが合致しなくなってきます。何が本当かちょっとわからない。シュタイナーはこれを「足場を失う」体験として、入門者たちが必ず遭遇する体験だといいます。

　光よりも遅い感覚の土台に立つ感情と思考は、それなりに速度の遅い流れの中で体験する実感としてリアリティを持つわけですから、光よりも

速度の速いエーテル体の土台の上で処理される印象を扱うことに慣れておらず、情報を取りこぼし、記憶喪失したり、また一歩も身動きできなくなったりします。

水晶を見ていると、日常の意識のコントロールが全く効かなくなり、この自分を意識することができなくなるので、目の前に何か見ているのに見ていることに気がつかないという現象も起きます。

私たちは、光が反射することでこの世界にあるものを見ています。光が当たらないのならば、それを見ることはできません。ということは、第1素材の光とターゲットとしての第2素材、さらにその反射を受け取るという第3素材という3点が必要です。エーテル体という光よりも速度の速いものに反射した情報を受け取るには、それを対象化できる第3番目の意識が必要なのです。

たいてい私たちの日常の意識は、このエーテル体に反射させる印象を受け取るよりも、私たちの意識そのものが第2素材と化してしまうので、自分に照射される印象の対象物となってそこに飲み込まれてしまっています。そのため、見ているのに見ていることに気がつかない。そもそも見ているというよりは、見られているのです。この状況から抜け出すにはもう一段知覚の階段をよじ登る必要があります。

エーテル体に反射した映像を認識するには、私たちの感情と思考の調整と発達が必要です。つまり感覚の上に立つ感情と思考という三つの構造が、今度はエーテル体というより高速な非感覚的感覚の上に立つ感情と思考というふうに、底上げされてシフトする必要があります。いつもの関心事に捕獲される感性は、エーテル体で反射した印象をキャッチするよ

りも、日々の悩み事や感覚的関心事に吸引されていきますから、水晶に映る映像を見ていても、「見ていなかった」といいます。

　感情の調整とは、より微細なものに感応すること、例えば芸術とか音楽とか、あるいは宗教的な感情などに親しむことでしょう。これを「高次感情」といいます。この安定のためには大量の感情体験です。次に、低次の感情に対する免疫を手に入れてそこに同一化しないことです。免疫はたいてい体験の蓄積で形成されますが、避けているといつまでも作られません。

　知性においての調整とは、シンボリックな言葉を操り理解することで、タロットカードや占星術、数霊、神聖幾何学の勉強はずいぶんと役立ちます。占いとして使うのでなく言語としてそれらを理解するのが大切です。これを「高次思考」といいます。

　グルジェフは、この調整されたエーテル体の土台の上に立つ感情と思考を持つ生き物を、本来の人間とみなしていたようです。この基準からすると、ある時代に、私たちはほ乳動物と人間の間の隙間に存在する低速な知性の生き物に退化したということのようです。本来の位置に戻すのには総合的な取り組みが必要ですが、そこに水晶透視に関連するエーテル物質のビジュアライゼーションは必要な項目として加わるでしょう。つまりエーテル体を対象化できるくらい、私たちが高速化すれば、エーテル体はこれまでの光のような低速素材として、私たちの目にさまざまな表象の表れを見せるはずだからです。

　本書では、また高木利幸さんのお世話になりました。著しい早さの仕事ぶりに驚きます。早いとたいていは荒いのですが、毎度そうは見えません。

　　　　　　　　　　　　　　　芦屋の講座に向かう、のぞみ車中。

松村　潔（まつむら　きよし）

1953年生まれ。占星術、タロットカード、絵画分析、禅の十牛図、スーフィのエニアグラム図形などの研究家。タロットカードについては、現代的な応用を考えており、タロットの専門書も多い。参加者がタロットカードをお絵かきするという講座もこれまで30年以上展開してきた。タロットカードは、人の意識を発達させる性質があり、仏教の十牛図の西欧版という姿勢から、活動を展開している。著書に『完全マスター西洋占星術』『魂をもっと自由にするタロットリーディング』『大アルカナで展開するタロットリーディング実践編』『タロット解釈大事典』『みんなで！　アカシックリーディング』『あなたの人生を変えるタロットパスワーク実践マニュアル』『トランシット占星術』『パワースポットがわかる本』（いずれも説話社）、『決定版!!　サビアン占星術』（学習研究社）ほか多数。
http://www.tora.ne.jp/

水晶透視ができる本
（すいしょうとうし）　　　　　　（ほん）

| 発行日 | 2011年2月24日　初版発行 |
| | 2019年2月20日　第3刷発行 |

著　者　　松村　潔
発行者　　酒井文人
発行所　　株式会社 説話社
　　　　　〒169-8077　東京都新宿区西早稲田1-1-6
　　　　　電話／03-3204-8288（販売）03-3204-5185（編集）
　　　　　振替口座／00160-8-69378
　　　　　URL　http://www.setsuwasha.com

デザイン　　染谷千秋（8th Wonder）
編集担当　　高木利幸
印刷・製本　株式会社 平河工業社
© KIYOSHI MATSUMURA 2011 Printed in Japan
ISBN 978-4-916217-90-5 C 0011

落丁本・乱丁本は、お取り替えいたします。
購入者以外の第三者による本書のいかなる電子複製も一切認められていません。

松村潔の本

魂をもっと自由にする
タロットリーディング

Ａ５判・上製・224頁　定価（本体 2800 円＋税）

実践的な使い方に絞って、占いの仕組みと 78 枚すべてのカードの意味を豊富に解説。枠にはまらない展開法や、直観で読み解くコツも紹介しています。思考の枠を広げ、自由に柔軟に行動する指針が見つかります。

※本書で使用されるカードは、『Tarots of Marseille』（イタリアのロスカラベオ社）のものです。

大アルカナで展開する
タロットリーディング 実践編

Ａ５判・上製・208頁　定価（本体 2800 円＋税）

「タロットリーディング」第２弾。大アルカナ 22 枚の数字や絵の意味を丁寧に読み解くことで、すべてのカードがひと連なりの物語として理解できます。実践を重ねる度に、人生の視野が広がります。

※本書で使用されるカードは、『Tarots of Marseille』（イタリアのロスカラベオ社）のものです。

タロット解釈大事典

Ａ５判・並製・536頁　定価（本体 3800 円＋税）

本書はタロットカードの中で、２枚一組でのリーディングに主眼を置き、大アルカナ 462 パターンを詳しく解説した２枚セットで読み解くための事典です。タテ、ヨコ斜め同士の組み合わせでの意味の違いも説明しているので、どのようなスプレッドにも対応可。タロット占いをさらに勉強したい人のための必読書！

※本書で使用されるカードは、『Tarots of Marseille』（イタリアのロスカラベオ社）のものです。

完全マスター 西洋占星術

Ａ５判・箱入り上製・488頁　定価（本体 4500 円＋税）

西洋占星術の第一人者である松村潔が書き下ろした、本格的占星術の本。ホロスコープから意外な性格や才能、過去・現在・未来の出来事を読み解く方法を伝授。星が働きかけてくる影響の活用法も具体的に示され、読めば読むほど運命の不思議と人生の面白さが味わえます。

松村潔の本

みんなで！
アカシックリーディング

Ａ５判・並製・220頁　定価（本体1300円＋税）

「アカシックレコードとは何か？」という総論的解説から始まり、透視・予知の仕組みやリーディングの方法、リーディングの手順といった一連の流れをわかりやすく解説しています。また、西洋占星術のいけだ笑みやシンボリックリーディングのはるひなた、タロット占いの蓮見天翔、さらにはゲリー・ボーネル氏に師事したアカシックFiveらによる、2010年以後を読むリーディングケーススタディも掲載していますので、本書を読めばきっとアカシックリーディングの醍醐味を味わうことができるでしょう。

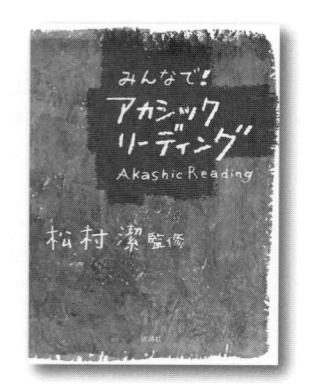

あなたの人生を変える
タロットパスワーク実践マニュアル

Ａ５判・並製・288頁　定価（本体2400円＋税）

「タロットパスワーク」とは、タロットカードの一つひとつにイメージで入り込んでいく瞑想法をいいます。本書はケーススタディや具体的なテーマ別のパスワークの仕方を解説しており、この１冊でパスワークができる実践書仕様となっています。また、著者作成のオリジナル「パスワーク専用タロットカード」と「バイノーラルビートＣＤ」が付いているので、本書があれば今日からタロットパスワークを始めることができます。

トランシット占星術

Ａ５判・並製・324頁　定価（本体 2400 円＋税）

本書で紹介している「トランシット占星術」とは、出生図と通過する惑星の相互作用から未来を予測する技法です。冥王星、海王星、天王星を重視する点に特徴があり、各天体がどのハウスに入った時に私たちにどのような影響を与えるのかを詳しく解説しています。古代の占星術技法「パラン」を使っての恒星の影響も紹介しているのも本書ならではの特徴といえます。

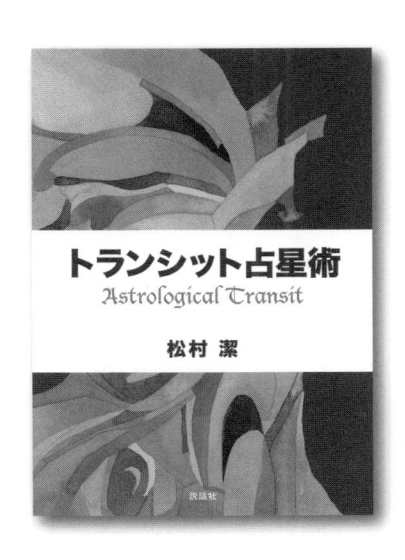

松村潔の本

パワースポットがわかる本

四六判・並製・276頁　定価（本体1300円＋税）

「パワースポットとは何か？」「どんな場所なのか？」「どこにあるのか？」といった基本的な疑問から「いつ行ったらいいのか？」「何をしたらいいのか？」という実践的な解説までを完全解説。また、著者オススメの36箇所のパワースポットも紹介していますので、本書を片手にパワースポット巡りをするのもよいでしょう。